# 打造中职
## 卓越班级的41个策略

李迪◎著

中国轻工业出版社

图书在版编目（CIP）数据

打造中职卓越班级的41个策略/李迪著. —北京：中国轻工业出版社，2015.1（2023.10重印）
ISBN 978-7-5019-9990-3

Ⅰ.①打… Ⅱ.①李… Ⅲ.①中等专业学校－班主任工作 ②中等专业学校－班级－学校管理 Ⅳ.①G718.3

中国版本图书馆CIP数据核字（2014）第250474号

保留所有权利。非经中国轻工业出版社"万千教育"书面授权，任何人不得以任何方式（包括但不限于电子、机械、手工或其他尚未被发明或应用的技术手段）复印、拍照、扫描、录音、朗读、存储、发表本书中任何部分或本书全部内容（包括但不限于光盘、音频、视频等）。中国轻工业出版社"万千教育"未授权任何机构提供源自本书内容的电子文件阅览、收听或下载服务。如有此类非法行为，查实必究。

责任编辑：吴 红
策划编辑：吴 红　　　　　责任终审：杜文勇
责任校对：刘志颖　　　　　责任监印：吴维斌

出版发行：中国轻工业出版社（北京东长安街6号，邮编：100740）
印　　刷：三河市鑫金马印装有限公司
经　　销：各地新华书店
版　　次：2023年10月第1版第5次印刷
开　　本：710×1000　1/16　印张：14.5
字　　数：152千字
印　　数：11001—13000
书　　号：ISBN 978-7-5019-9990-3　　定价：32.00元

读者热线：010-65181109，65262933
发行电话：010-85119832　传真：010-85113293
网　　址：http://www.chlip.com.cn　http://www.wqedu.com
电子信箱：1012305542@qq.com
如发现图书残缺请与我社联系调换

231599Y1C105ZBW

# 前言：牵一只蜗牛去散步

我本是一名音乐教师，毕业于 20 世纪 90 年代。当时音乐系的毕业生很吃香，我的许多同学都到了本科、大专院校或者重点高中工作。

唯独我，于匆忙中到了职业中专教书。

初上讲台的我，面对那些存在种种问题的学生，惊慌失措、一筹莫展，根本不知前景如何、路在何方。于无意中，我看到了张文亮的散文诗《牵一只蜗牛去散步》，竟产生了无限被理解的感慨：

上帝给我一个任务，叫我牵一只蜗牛去散步。

我不能走得太快，蜗牛已经尽力爬，为何每次总是那么一点点？

我催它，我唬它，我责备它，

蜗牛用抱歉的眼光看着我，仿佛说："人家已经尽力了嘛！"

我拉它，扯它，甚至想踢它。

蜗牛受了伤，它流着汗，喘着气，往前爬。

真奇怪，为什么上帝叫我牵一只蜗牛去散步？

"上帝啊！为什么？"天上一片安静。

"唉！也许上帝抓蜗牛去了！"

好吧！松手了！

反正上帝不管了，我还管什么？

……

我是善感的、细腻的、多情的。读着这首散文诗，我一次次地想到那些个性张扬、问题重重的学生：上帝给我一个任务，叫我陪伴中职学生去成长。我不能要求太高，学生已经尽力学习，可为什么进步总是一点点？我的生命价值是要由学生的成绩来体现的啊！因此，我催他们、逼他们、唬他们，学生却委屈地申辩："听不懂就是听不懂嘛！""学不会就是学不会嘛！"我真是恨不能打他们、骂他们。学生受了伤害，逆反起来，开始和我冷战。真奇怪！我怎么这么命苦，我的天分比学生高，我的学习习惯比学生好，为什么让我燃烧自己去照亮他们？"上帝啊！为什么？"

现实里没有人回答我。但《牵一只蜗牛去散步》这首散文诗的后半部分给了我答案：

我苦恼着，任蜗牛往前爬，自己坐在后面生闷气。

咦？我闻到花香，原来这边有个花园。

我感到微风吹来，原来夜里的风这么温柔。

慢着！我听到鸟声和虫鸣，我看到满天的星斗多亮丽。

咦？以前怎么没有这些体会？

我突然想起来，莫非是我弄错了？

原来上帝叫蜗牛牵着我去散步！

品味着这首诗，我反复问自己：莫非是我弄错了？我是否过于急功近利了？

那时学校只有我自己是单身老师。没有电视，没有朋友，没有网络，没有手机，我只能把自己关在楼梯下的小屋里，默默吞噬着无边的寂寞。好在时间能让人习惯一切。不久，我就习惯了白天上班、晚上看书、无人交流、内心充实的宁静。如水的月光透过窗帘洒进小屋，一泻清辉能在瞬间涤荡我所有的忧伤，我的灵魂开始了新的航程，我能感觉到自己内心的空灵。

果真是"知之而后有定，定而后能静，静而后能安，安而后能虑，虑而后能得"。也就是在那段时间里，我阅读了《唐宋词十七讲》《论语》《道德经》《美的历程》《爱的艺术》《生命对你意味着什么》《自卑与超越》《儿童人格教育》等文学、哲学、心理学类书籍。虽是囫囵吞枣，却也获益匪浅。我认识到只有用自己的灵感与思想，才能唤醒这些沉睡在字句中的生命，便积极申请做班主任。

1997年，我同时当了两个学前教育班的班主任，一共带130个女孩子，同时担任她们的专业课老师。我的阅读所得开始融入我的班级管理，我的生活因此变得精彩纷呈。课堂上我无论是循循善诱，还是巧言讽谏；无论是迂回曲折，还是传递真诚；无论是以柔克刚，还是巧妙询问……都能让学生时而积极思考，时而恍然大悟。我不介意跨越学科教书，也敢于探讨社会上最热门的话题，每一次与学生的心灵碰撞，都能让彼此充满欣喜。

我相信心在哪里，卓越就在哪里。我给学生写了十几万字的书信，为的是让良药不再苦口；我发誓就算自己活到80岁，也要有18岁少女的情怀，为的是填平和学生的代沟；让人人都做班干部，为的是培养适应社会需求的人才；青睐民主教育，是希望学生在民主生活里学习民主；把我们的教室建设成我们的家，为的是让学生感受彼此深深的爱意、浓浓的亲情。在我看来，打造中职卓越的班集体，更多的是用自己对美的追求感染学生，让生活充满情趣，让学生学会换位思考、多角度观察，而不仅仅是传授知识。

教育是慢的艺术，需要我们用自己宁静、淡定的心去熏陶影响学生。

当我不再急功近利，不再把眼光盯住竞赛成绩，忽然发现我的学生原来是那样可爱，教室里弥漫着浓浓的师生情谊。2005年教师节，2003级的一个学生（她准备参加对口升学）送给我一个蓝色的圆柱形花瓶，上面写着"感恩教师""宁静致远"等字样。我在花瓶里插了学生做的手工花，把它放在讲桌上。春露秋霜、寒来暑往，几年过去了，有一天，花瓶被值日生不小心摔碎了，我才发现花瓶里的手工花下，塞满了花花绿绿的彩色纸条，每一张纸条上都写着祝福李迪老师快乐、健康的句子，而落款是我所带的2009级的45个学生。那时，他们离开学校已经两年了。如果花瓶不碎、手工花不换，我可能永远都发现不了花瓶里的秘密。

我的办公桌上至今还放着一个葫芦型的透明瓶子，里面是学生亲手折的几百颗彩色小星星，每颗星星上都写着祝福的话。那是2012年我生了一场大病,我所带班级的学生写了祝福语放进去的——如果这句祝福语是8个字,就折8颗小星星,每颗星星上写1个字放进去;如果祝福语是10个字,就折10颗小星星放进去。

倒退20年,我不会相信自己的生活可以如此有声有色,这是难以用金钱衡量的财富:师生在一起生活的经历、共同探讨的话题、一起阅读的书籍、彼此对生活的热爱……我每天都收获着学生的信任和赞许,班级卓越,学生们毕业后也都有了骄人的成绩:王红瑞、王燕、林祖敏、李培、刘俊峰等开办了私立幼儿园,自己任园长;成敏、王早晨、徐亚丹、李宁、马淑新等成了学前教育专家,天南地北地给幼儿园园长开讲座或著书立说传递先进的教育理念(她们今年才25岁左右,很多25岁的大学毕业生现在还没找到工作呢);赵慧十年前白手起家,如今开办了深圳市宏卓远电子科技有限公司,注册资金100万元;陈芳开了特色服装店"寒烟翠",已做成品牌,因为她接受过音乐、美术等艺术熏陶,最明白搞艺术的人喜欢什么样的服装……

我恍然明白,逼迫我思索、促使我进步、成就我成长的,正是这些职业学校的学生;让我的生活精彩纷呈、回味无穷的,也正是这些让人头疼不已又喜欢不尽、割舍不下的学生。

原来,上帝不是让我牵一群蜗牛去散步,而是让蜗牛牵着我去散步啊!

这个散步的过程,何其从容?这个散步的团队,又何其卓越!

李　迪

2014年5月12日

# 目录

前言：牵一只蜗牛去散步 …………………………………………………… I

## 第一章　成长为卓越中职班主任的13个策略

引子：合理情绪——卓越中职班主任应有的心态 ………………………… 1

策略1：尊重和包容——无条件地接纳学生 ………………………………… 6

策略2：循循善诱——有效传递正能量 ……………………………………… 14

策略3：善解人意——避免好心办坏事 ……………………………………… 18

策略4：善于倾听——抓住引导的契机 ……………………………………… 22

策略5：知识渊博——敢于在课堂上跨学科教书 …………………………… 27

策略6：事事关心——真正为学生解惑 ……………………………………… 30

策略7：以柔克刚——转败为胜的法宝 ……………………………………… 36

策略8：保持童心——减少师生"代沟" ……………………………………… 39

策略9：巧用模仿——陪学生做一只"蘑菇" ……………………………… 44

策略10：师生飞鸿——让良言不再苦口 …………………………………… 46

策略11：传递真诚——一味隐忍并非美德 ………………………………… 52

策略12：既要多情、浪漫，又要淡定、从容 ……………………………… 58

策略13：成长根基——知止而后有定 ……………………………………… 62

## 第二章　培养卓越班干部的 4 个策略

引子：人人都是班干部——培养卓越班干部的理念 …………………… 67

策略 14：视其所以——班主任指定班干部 ……………………………… 68

策略 15：民主选举，班主任适当点拨、拉票 …………………………… 73

策略 16：班长轮换——人人都是班干部 ………………………………… 75

策略 17：尊重和信任——莫把班干部当"眼线" ……………………… 83

## 第三章　建设卓越班级文化的 7 个策略

引子：我们的教室，我们的家——打造卓越班级文化的理念 ………… 87

策略 18：让教室的墙壁能"说话"且会"对话" ……………………… 89

策略 19：让学生在付出中爱自己的班级 ………………………………… 93

策略 20：让"给予"成为创造而不是牺牲 ……………………………… 97

策略 21：让我们拥有一种共同的语码 …………………………………… 100

策略 22：让班级性格与众不同 …………………………………………… 106

策略 23：让绰号成为积极向上的班级文化 ……………………………… 111

策略 24：让师生的生活充满情趣 ………………………………………… 118

## 第四章　组织班级活动的 5 个策略

引子：知行统一，格物致知——班级活动的意义 ……………………… 121

策略 25：以面带点——班风建设中的"大"和"小" ………………… 127

策略 26：自主教育——班级活动的最佳方式 …………………………… 132

策略 27：巧妙询问——给学生辩论的平台和机会 ……………………… 139

策略 28：中庸之道——衍生班会的实效 ………………………………… 145

策略 29：教育契机，俯拾即是——体验节日带来的无痕教育 ………… 150

## 第五章　班级日常管理的 12 个策略

引子：班级管理中的教育性和反教育性 …… 163

策略 30：拒绝暗箱——向民主教育更深处漫溯 …… 166

策略 31：高于教材——为枯燥的课堂增添魅力 …… 173

策略 32：水来土掩——育人中的"无为而无不为" …… 181

策略 33：迂回曲折——走"弓背"不走"弓弦" …… 186

策略 34：善意引导——治班级如烹小鲜 …… 189

策略 35：巧言讽谏——小故事蕴含大智慧 …… 192

策略 36：善思善感——多情最是佛心 …… 194

策略 37：换位思考——陪学生思索爱情 …… 197

策略 38：积极关注——让手机铃声在课堂上不再响起 …… 203

策略 39：审时度势——区别对待班级"小团伙" …… 207

策略 40：中途接班——因势利导做"后娘" …… 217

策略 41：未雨绸缪——与学生一起规划职业生涯 …… 219

# 第一章　成长为卓越中职班主任的13个策略

自己丰富才能感知学生世界的丰富，自己好学才能感知学生世界的新奇，自己善良才能感知学生世界的美好，自己卓越才能成就卓越的学生，并打造卓越的班级。

那么，卓越的中职班主任都有哪些魅力呢？

尊重、真诚、热情、善解人意、知识渊博、浪漫、从容、淡定……每一个熟悉的词语，都因有新的视角而饱含了我们以前没有领悟的、崭新的含义。具备这些素质的教师，便是一个卓越的中职班主任。

## 引子：合理情绪
——卓越中职班主任应有的心态

让我们产生绝望感的，不是学生的无理、无礼、无知，而是我们对课堂上发生的事件的看法。我们改变了这种不正确的观点，就不会再有绝望之感。

朋友在博客里发表了一篇博文——《我为什么有绝望的感觉》，阐述了他在职业学校组织班会的无奈、悲哀、反思乃至绝望。

这是一个善于思索、颇有见地的班主任，也是我一向敬重的朋友。文中说，那天，他和学生在课堂上讨论"我们为什么爱说脏话"。朋友在课前做了充分的准备，有视频、有故事、有文字……内容丰富且生动。但上课不久，就有两个女生看着手机频频笑出声，惹得大家都朝她们看去。朋友让她们出去，她们却趴在桌子上。再后来，后面又有几个女生自顾自地讲话，朋友让她们出去，她们也趴在桌子上。朋友于是感叹：现在，太多的学生有"三不政策"：不反对，不接受，不担当。犯规了，不多说话，就趴在桌子上，你说什么就当没听见。如果强制要求她们出去，就会有学生气冲冲地往外走，一副恨你一辈子的样子；也可能碰上死活不动弹的，如果老师动手，那可能就摊上大事了……

博文后面分析了很多，比如他说"在职业学校，老师面对学生就是'秀才遇到兵'"；比如他认为这"不是因为学生天生的基因有问题，说白了，无赖文化造成无赖行为，他们这样做在很大程度上是因为习得性无助"。他还把学生和国外的学生做了比较，在此暂不赘述。

对于朋友的悲凉、挫败、生气、伤心，我感同身受。试想一下，如果换成你、我、他……花费了大量时间和精力去组织、策划班会，最后却被几个嬉闹的学生搅黄了——这就好像一位慈祥的母亲，花了一周的时间准备食材，又花了一天时间烹制出一桌色香味俱佳的菜肴，却被没心没肺的孩子推翻在地，他们甚至尝也不尝——这怎能不让人心痛？在心痛的同时，我心中感慨万千：我与学生在一起的生活有欢欣、有苦涩、有纯真、有虚伪、有汗水、有泪水、有自信、有失落、有骄傲、有尴尬、有心碎……唯独没有绝望。

如今我倚窗独坐问自己：我为什么没有绝望的感觉？

首先，在我的课堂上，如果有哪个学生看视频笑出了声，我不会生气，我会很好奇地走到她身边问："哎！你们看什么呢？这么投入！让我和其他同学也看看好吗？"倘若视频内容和班会讨论的主题相关，那就把手机和白板链接起来，让大家一起欣赏并讨论她们的视频；倘若视频和课堂无关，她们肯定会很不好意思地收起来。何必非要让她们出去呢？这样不认真听讲的学生太多了，把她们都赶出去了，我讲课给谁听？

倘若有人自顾自地讲话，我也会说："说什么呢？让咱们班的同学都听听好吗？"这样至少保留住了师生双方的面子，也阻止了学生说话。比如，我和学生在班上讨论人际交往的礼仪时，说到其中一条"不要询问女士的年龄"，课堂气氛活跃起来，后排的两个女生很激动地议论着什么，甚至要盖住我讲课的声音。我马上很好奇地问："哎！你们说什么呢？"那两个女生笑着低头不语，我再问，她们忙摇头，其中一个女生说："没什么，刚才她在采访我的年龄。"我一听乐了："让我们听听她是怎么采访你的，好吗？"于是两个女生站起来，其中一个把教材卷了一下做话筒，模仿记者的语气问："请问女士，您今年芳龄？"另一个女生头一摇，很不高兴地回答："你能不能不问这个问题？我今年都50岁了。"全班同学哄堂大笑……

说实话，我很感谢这两个学生的即兴表演，相信全班学生已经知道贸然打听别人的年龄有多么不妥。

有的学生喜欢一边听老师讲课，一边自己低声嘀咕，我询问他们，知道他们其实不是在捣乱，而是对老师的观点产生了兴趣，忍不住要发表言论。我们若大发雷霆，学生可能会产生逆反心理，虽不再嘀咕，却也不再听讲。

但是，对于学生无所顾忌地扰乱课堂的行为，我也不会置之不理。我会在下课后给他们写一封信，讲解遵守规则的重要性。我会避开他们扰乱课堂的行为，从他们的切身利益去谈。需要让学生知道的是：在讲究秩序的社会里，我们的自由不能影响别人的自由。学生遵守课堂秩序，目的是不影响别人听课的自由和权利。

课堂上难免会有种种小插曲，教师万万不可让这些小插曲影响情绪，因为还有很多学生在思索呢！教师若因为个别学生捣乱而大发雷霆，失去的将是所有学生。有听课习惯好的学生，也有听课习惯不好的学生，甚至有的学生前10分钟在认真听讲、在积极回答问题,后10分钟就睡觉去了。你怎么办?绝望吗?

我不会绝望,因为他还认真听我讲了10分钟呢!因为还有其他人在听我讲课呢!我不会放弃,下次我还要认真策划、组织课堂。

和朋友聊天的时候,他谈到一件刚刚发生在自己学校的事:两个女孩子生气闹矛盾,官司打到了学校德育处。一个女孩子低头抹眼泪,另一个女孩子在一旁纳闷:"我不过就问了你一句'你是不是处女?',这有什么好哭的?我就不是处女。"一句话雷倒了在场的所有老师。

朋友问:"你遇到过这样的学生吗?你遇到这样的学生怎么办?"

我还真的没遇到过这样的学生。但是,就算我遇到了,我也不会绝望。因为那个被问的女孩子在哭呢!至少在这方面,她和我的价值观、爱情观一样。我相信在这方面和我的价值观一样的女孩子不在少数。为了这个哭泣的女孩子,为了所有和我价值观一样的学生,我不能绝望。倘若我的学生说出这样的话,我不会当场搭理她,而是会当着她的面耐心地安慰哭泣的女孩子。等她们离开后,我会写信——不只是给她写信,而是给所有女生写信。事实上,我给女孩子们写过很多信,包括《女人味儿是什么味儿》《红颜如何才能不薄命》《清清爽爽做女人》等,这些信都可以引导班级积极向上的舆论。

我为自己班级的学生设计的班会也曾在一些重点高中召开。我必须承认,相同的一节班会,在重点高中召开就顺利多了。重点高中的学生一点就透、一呼百应。那样讲课、开班会真是幸福!但是,我们能怎么办呢?我们面对的就是这样的学生啊!人生本来就有诸多不完美,我们不能只要好的,而拒绝坏的。这些孩子是未成年人,他们也是这个社会的一员,总得有人来当他们的老师,陪伴他们成长。我不能抱怨自己的学生成绩何以如此差。月亮皎洁美丽,人见人爱,却只有一个。我们的学生若做不成月亮,就做星星吧!天空需要一闪一闪亮晶晶的星星,社会需要有一技之长的蓝领人才。

面对学生产生绝望感的那位朋友显然是患了焦虑症。若要缓解焦虑,最好熟知并掌握美国心理学家艾利斯提出的"合理情绪疗法"。艾利斯认为,困扰我们情绪的,不是事件的发生,而是我们对事件不正确的看法。当我们改变了对事件不正确的看法后,困扰自然也就不复存在。

这个观点用到班主任身上就是:让我们产生绝望感的,不是学生的无理、无礼、无知,而是我们对课堂上发生的事件的看法。我们改变了这种不正确的观点,就不会再有绝望之感。

心理学家艾利斯总结指出,不合理信念一般有以下三种。

(1)绝对化要求,即人们以自己的意愿为出发点,对某一事物怀有认为其必定会发生或不会发生的信念,它通常与"必须""应该"这类字眼联系在一起。比如"学生必须认真听课","教师应该受到尊重"等。怀有这样信念的人极易陷入情绪困扰之中,因为客观事物的发生、发展都有其规律,是不以人的意志为转移的。

(2)过分概括化,即以偏概全。它一方面表现为人们对其自身的不合理评价:有一点失败,就认为自己"一无是处""一钱不值"、是"废物"等——比如,教师感觉自己的教育是无效的——其结果常常会导致自责自罪、自卑自弃的心理;另一方面表现为对他人的不合理评价,即别人稍有差错就认为他很坏、一无是处等,这会导致一味地责备他人,以致产生敌意和愤怒等情绪——比如,教师认为学生不可理喻、不可救药,现在的女孩子怎么能对贞洁如此轻看——其实该教师忘记了,轻看贞洁的只是少数人,另一个女孩子正在哭呢。

(3)糟糕至极,即认为如果一件不好的事情发生了,将是非常可怕、糟糕的。这将导致教师陷入极端不良的情绪体验并难以自拔。

比如,很多教师的焦虑都来自班级量化考核排名,排名一旦落后,就认为糟糕透了!其实没有任何一件事情可以定义为百分之百糟糕透了。当一个人沿着这条思路想下去,认为自己遇到了百分之百的糟糕的事情,也就把自己引向了极端的不良情绪状态之中。

现在再让我们按照艾利斯的理论来回答这一问题：我们怎样才能没有绝望的感觉？

答：我们要对学生在课堂上出现的问题有合理的信念——我的职业是教师，我的任务是陪伴学生成长。无论学生要不要学，我都要努力备课、思索。只要你有心向上，我就陪伴你，无论时间早晚长短。

但是，另一个问题又出来了，那就是：我们要先自度，才能度人！比如有人溺水，我不会游泳，却救人心切，扑通一声跳下河去，后果是什么呢？只能是双双溺水。因此，自度度人，度人自度，这是一体两面、两面一体的，自度与度人是同时的，而自度尤其重要！

那么，如何"自度"呢？

唯有博览群书、潜心修炼，熟知古今中外先进的教育理念，掌握成为卓越中职班主任的13个策略。

## 策略1：尊重和包容
——无条件地接纳学生

武林中有"无招胜有招"的说法。在教室里，胜"有招"的"无招"，就是对学生的无条件尊重。

某人深爱蝴蝶。他追逐蝴蝶奔跑，终于气喘吁吁地抓到几只。可是蝴蝶在网里恐惧挣扎，丝毫没有美丽可言。一有机会，蝴蝶就会飞走。这就叫"追求"。

苦苦追求蝴蝶的人，就像苦苦追求"流动红旗"、量化考核成绩的班主任，不易被学生理解接受，工作中总不免辛劳憔悴。因为他没有顾及蝴蝶的感受，只想到了自己的喜好。

另一个人也很喜欢蝴蝶，他买来几盆鲜花放在窗台上，静坐品茗，望着蝴蝶翩翩而来，心旷神怡。

这就叫"吸引"。

能吸引蝴蝶的人，就像一个能享受教育生活的班主任，魅力四射而又幸福快乐。因为他知道自己的兴趣，也想到了蝴蝶的喜好，给了蝴蝶无条件的尊重和接纳。

因此，做卓越班主任的第一个策略，当属无条件地尊重学生。王晓春老师曾说：如果我是一个学生，老师爱不爱我是次要的，关键是他要尊重我。

那么，尊重的含义究竟是什么？

尊重就是让他（她）成为他（她）自己，而不是成为你希望他（她）成为的那个人。

有一次我坐火车卧铺，遇到一对小情侣。当时我在床上假寐，无意间听到女孩子对人高马大的男朋友说："以后咱俩要是结了婚，我一定要把你变成什么什么样。在改变人这方面我最有经验了。我不但要把你变成什么什么样，还要把你妈妈也变成什么什么样……"

我当时又好笑又惊诧。后来我曾于不同时间、不同场合问不同的朋友、同事："如果你有一个这样的女朋友，她整天想把你改变成另一个人，你会怎么做？"

大多数人的回答很干脆："休掉！"小部分人的回答很谨慎："我相信我不会有这样的女朋友。"

也许，这个发誓要改变男朋友的女孩子，对心上人有足够的关心和爱恋，但是，她尊重男朋友吗？她能体会到对方的感受吗？不能。

因此，如果爱没有以尊重为前提，很容易异化为控制别人或奴役别人，给别人压抑感，并容易激起别人的逆反心理。这就好像那个深爱蝴蝶的人，他只想把蝴蝶罩在网里，蝴蝶当然一有机会就要飞走了。

想一想,很多时候,我们是不是也常常对自己的孩子说:"你必须成为什么什么样的人。""你一定要考上……"这时,我们对孩子确实有足够的爱和关心,但是有尊重吗?

再想一想,我们对自己的学生,是否也曾感叹:"职业学校的学生怎么就这样啊?!"但是,他们就是这样的。如果你要求他们变成重点高中的学生那样,就好像是想把桃花变成牡丹,是不现实的。

尊重学生意味着无条件地接纳学生,既接纳学生积极、阳光、正确的一面,也接纳其消极、灰暗、错误的一面。"接纳"是中性词,它没有喜欢、厌恶等情感内容,也没有欣赏、仇恨等态度差别。这是成为卓越的中职班主任的第一步。

## 一、如何在课堂上做到尊重学生、接纳学生

有一次,我到某初中三年级做招生宣传,因为只能占用他们班会课的10分钟时间,每一分钟都弥足珍贵。在初三学生面前,我尽力宣传自己的学校,激情四射、妙语如珠。平心而论,我一向认为自己在学生面前是很有亲和力的,不料我在这里说得正起劲时,一个男生忽然打断了我:"老师您别说了!我们都知道,去职业学校上学就是混日子……"

教室里一下子静得能听见彼此的呼吸。学生们愣愣地看着我——他们大约感觉到了这个男生对我的唐突。

我怎么办?直接反驳吗?

我很认真地看着他,一字一句真诚地说:"我坚决反对你的观点,但我誓死捍卫你发表自己观点的权利。"学生们依然愣愣地看着我没反应,我料想他们还没有听清楚我的意思,便解释说:"我坚决反对这位同学的观点。至少在我们学校,同学们不会混日子,而在潜心学习掌握一技之长,老师教书也特别认真。你们若不相信,可以去试读一个月。不过,我虽然反对他的观点,却要誓死捍卫他发表自己观点的权利,因为我尊重他,也尊重你们在座的每

一个人的选择!"

学生们热烈鼓掌——包括那个男生。

那天的招生效果相当好,虽然我根本就没有说完我准备的宣传稿。

"我坚决反对你的观点,但是我誓死捍卫你发表自己观点的权利",这是伏尔泰的名言,最能体现尊重的内涵。在学生与自己的观点不一致并有矛盾升级的苗头时,说出这句话往往能有效地熄灭战火,给双方留足面子。

## 二、如何在班干部和学生发生冲突时尊重双方

班干部和学生发生了矛盾,班主任应该怎么办?最好的方式是尊重班级所有人的意见。

比如,2007年我带新生班,班长美玲是一个认真而负责的好班干部,但是有一段时间,她喜欢动不动就对同学们说:"你以为班长是好当的?要不你来当当试试。"我当然知道班长不好当,但美玲也不能总把这句话挂在嘴上啊!偏巧班里有几个顽皮而有个性的孩子,于是故事就比较精彩了。且看我的班级日记。

### 宝宝当班长

2007年11月24日　星期六　晴

#### 矛盾产生

早会时间,美玲当众给了我一张纸条,上面写着跑早操迟到同学的名单,其中有双胞胎姐妹宝宝、贝贝,脾气火辣的婷婷和很有灵性的甜甜等。现在想来,美玲很多时候确实是过于铁面无私了,中国人向来讲究迂回曲折的办事方法,她却一直那么方正,能不碰壁吗?我在讲台上将纸条上几个同学的名字念下来,婷婷和宝宝就对着美玲叫:"我们没有迟到啊!当时你一叫我们,我们就出来了。"美玲说:"你们确实是迟到了,我才记名字的。"

婷婷:"那你也不能乱记名字啊!"

美玲的声音更大了:"你们要是感觉我这个班长当得不好,我就不当算了。"

我听了美玲的回答,心里很不快。我还没来得及说话,宝宝就说:"你别动不动就拿不当班长来威胁我们。"

我一看吵架要升级,忙说:"不用争吵了,去学生会查一下咱们班的迟到人数,不就什么都知道了?"

宝宝却将头往下一低,赌气说:"反正在你心里,一切都是大婶(美玲的外号叫'大婶')说得对,我们也不用分辨了。"

我说:"谁不让你分辨了?你们公说公有理,婆说婆有理,我能听出个什么来?我这不是打算到学生会去调查吗?咱们这女生班的班长真的不好当,要不你当当试一试?"

宝宝毫不思索地回答:"好!"同学们听她的回答既麻利又顺口,忍不住轻声笑了。我愣了一下,说:"让宝宝当一个星期的班长,同学们有没有意见?"几个学生说:"老师,还是您说了算。"

我说:"我哪里敢当这个家?我尊重大家的意见,还是投票选举比较好。"我的话没说完,宝宝的朋友们就开始动员身边的人:"大家给宝宝一个机会,哪怕就让她当一周的班长……"

宝宝和她的朋友们因此如愿以偿。

## 2007年11月26日　星期一　晴

### 宝宝上任

孪生姐妹里的姐姐宝宝上任当班长了。同学们在周记里众说纷纭,不过都感觉让她当班长尝一尝滋味也好,甚至有人提议实行"班长轮换制",更有同学为美玲鸣不平,认为"大婶"被赶下台了。

班会课上,宝宝当众表态,一定要以身作则带好班级,争取能拿到流动红旗。宝宝的言谈举止落落大方,很有信心,同学们都为她的爽快喝彩。

我在班里读了几篇为美玲鸣不平的周记，然后说："谁说美玲又'下台'了？今天中午我已经和班干部们商量好了，美玲以后是咱们班的班主任助理。我不在学校的时候，美玲就相当于班主任，无论什么事情，她都有责任和义务去处理。尤其是值周班长有徇私行为的时候，她更要制止；而在一些比较文静的同学值周期间，美玲必须扶持她，免得被那些淘气的同学欺负。大家同不同意我这样的安排？"

美玲已经笑成了一朵花，同学们异口同声地回答："同意！"

事实上，我早就感觉这个班的学生做事光明磊落，她们虽然经常吵架，但吵完后并不记仇。上周选学生会干部，我在小楠、杏杏和焉惠三个人中间犹豫，不知道让谁当选，于是建议再投票一次。但有的同学说："再投票多麻烦！干脆举手表决。"

于是，同学们大大方方地举手，也不怕得罪人。最后是小楠和杏杏当选。学生的心是多么透明！我应该保护她们这磊落的胸怀。

反思：这次宝宝上任，大家是捏了一把汗的，所以我才让她宣誓表态，这对她到底也是一个约束。而美玲听说宝宝要上任，多少会有些失落——宝宝是在和她争吵后争取到当班长的机会的。但是，这样的失落是我故意让美玲尝的。谁让她拿不当班长来要挟别人呢！美玲失落，自然会有好多人鸣不平，她毕竟非常负责。因此，我才让她在失落后获得一个惊喜——做班主任助理。这样，我就可以更省心了。

2007 年 11 月 30 日　星期五　晴

**宝宝卸任**

转眼间，宝宝当班长一周了，她早上找到我，很忧虑地说："老师，我这次当班长算是明白了，有个别同学总是不好好配合，班级总是被扣分。"

我早知道有的学生或者有意或者无意，总因为不带胸卡或迟到而被扣分，短时间内却纠正不了，便转问全班学生："接下来咱们的'班长轮换制'

还执行下去不？"

学生们说："别执行了！还是让'大婶'当班长吧！"

我没有反对，因为学生们入学不久，能力确实还不够。不过，一个学生对班级是否有感情，不是因为她在这个班里得到得多，而是因为她为这个班级付出得多。我要培养学生的爱心、责任心，还必须让她们为班级付出。因为爱是耐心，学生不为班级操心、付出，怎么可能对班级产生感情？

总有一天，我会让学生们都尝一下当班长的滋味。

美玲下午却为我带来了一个更让我吃惊的消息——学生们听说芊芊（一个屡次犯错的问题学生）要回来，竟然决定罢课。我当时大惊失色，学生们若真要罢课，领导必然会认为这是我的意思。他们哪知道现在的孩子多有主意啊！领导绝对不相信我会控制不住大局。美玲看我担忧，忙说："我已经制止了。我对同学们说：'咱们图一时高兴罢课，可想过班主任的处境？我们在初中也曾经因为一件事情而罢课，结果过了几天，学校领导就把我们的班主任给换掉了。'同学们一听这话，才作罢。"

我又一次感受到了这个班级的学生的厉害，对他们的教育工作哪里敢有丝毫的懈怠？！

这就是我们的学生，当我们给了他们足够的尊重和信任时，这些孩子也许会走弯路，最终依然会回到正确的轨道上来；反之，若我们一味地干涉，她们却可能大起叛逆之心。

### 三、如何尊重班级成长中的曲折

我一直认为，班级自有它的生命，班级成长的道路不可能一帆风顺。很多时候，我们知道班级在走弯路，就好像知道青春期的叛逆会导致学生闯祸，却不能不接受现实，不能不尊重他们的年龄特点，去陪伴他们碰壁、受伤乃至收拾残局。

比如，在我所带的05幼（1）班，有一个八面玲珑的女孩子菁菁，我从不怀疑她对老师感情的真挚深厚，她却惯于瞒天过海、投机取巧。有一段时间，她的言论在班里占主导地位，远远超过了我的影响。她背着我在班里公开宣布："我们老师那么忙，有家有孩子，以后大家应该懂事一些，比如同学旷课、迟到什么的，能瞒住老师，就瞒住，班干部应该和同学一心，别让老师生气难过……"她的捣乱和一般淘气学生的捣乱不一样，一般人捣乱，能让老师和同学一眼看出捣乱的目的，能让多数有学习愿望的同学侧目；而菁菁的捣乱却是打着"关心"老师的旗号，同时又能引起自制力本来就不强的同学们的共鸣。这是一种让老师感动、让学生叫好的捣乱，她的言论市场很大，大到了我难以想象的地步。有学生曾在周记里说："如果菁菁持什么言论，一个星期后，班里的同学就都会持什么言论；如果菁菁反对某人，一个星期后，班里的同学就都会反对某人……"当我知道她这些言论的时候，已经失去了先机。认真负责的好班长被推下了台，我万般无奈，只好尊重学生、顺从民意，让菁菁当了班长（这就是民主所犯的错误，我作为老师，当初没有引导好班级舆论方向，自然要负主要责任）。菁菁当班长一开始非常认真，因为她也希望班级变好。但她那"有事没事瞒住老师"的言论却不能在同学们面前兑现，何况她本身懒散，只能严格要求别人，不能严格要求自己。两个月后，她就失去了民心，班级另换了班长。

这便是民主自身的纠错能力。

菁菁失去民心后，我也曾经反思：如果让事情再来一遍，我的好班长被推下台后，我会怎么做？答案是：我还会选择尊重学生、顺从民意。当时菁菁人气正旺，我别无选择。若是菁菁能因当了班长而迷途知返、改邪归正，和我的思想统一起来，岂不也是我的愿望？想一想，人类对大自然的粗暴征服会遭到大自然的报复，会造成全球的生态危机；老师对学生的粗暴干涉和控制，也会遭到学生的抵制，会造成普遍的逆反心理。学生是第二自然。我的好班长已经下台了，我若不顺应"民意"，再换一个学生当班长，她还会被菁菁推下台的。我知道,菁菁不适合当班长,她会让班级走弯路。但班级有它自己的生命,在学生的成长过程中,教师只是一个引领者。路,还要学生自己走。在好班长失去人心时,我的教学失误已经造成,这些弯路便是不得不走的。无论如何,菁菁当上班长后,让学生认识到了她言论的错误,区分了是非曲直,这也是班级的成长。

## 策略 2:循循善诱
—— 有效传递正能量

若想让自己或别人拥有正能量,就要多想、多说你希望拥有的,尽量不说、不想你不希望拥有的,或者将担忧换成祝福。

以下对话是我亲耳所闻。

学生:"老师,我这几天感觉很烦,可能是……"

学生的话还没说完,老师就笑着打断:"我刚才在班会里说过了,咱们要拥有正能量、传递正能量。我们应该每天都告诉自己:我很快乐,我很幸福。你现在怎么又开始说这些充满负面情绪的话了?你老说这些话,自己会越来越郁闷的。"

学生愣住了。

老师继续亲切地说:"我可是为了你好啊!我多么希望你幸福、快乐。所以,以后你别再说这些充满负面情绪的话了。我们要传递正能量。我现在就在传递正能量给你……"老师满面笑容,挥了挥紧握的拳头以示加油,却挥不去孩子满脸的失落。学生呆呆地点头:"好吧……"然后转身而去。

我望着孩子离去的背影纳闷良久,转而问这位老师:"你觉得自己传递给这个孩子的,果真是正能量吗?"

她很认真地点头："是啊！我告诉她生活多么美好，不就是传递正能量吗？"

……

现在社会上流行一个词——正能量。人人都在谈论正能量，可是我们对它的了解究竟有多少？

"百度"上说：

"正能量"的英文名的意思是积极的能量、正向能量，它原本是一个物理学的概念，后来引申为一切给予人向上的希望、促使人不断追求、让生活变得圆满幸福的动力和感情。这是今年经常被引用的一个词……

正能量对于存在诸多问题的当今社会无疑是一股积极向上的力量。"正能量"一词适合各个阶层的人，不管你是什么职业、什么年龄，如果在生活不顺的时候喊上一句"正能量"，前进的道路上必定增加许多动力……

正能量传递的是一份积极的心态，让不良情绪释放干净。与"正能量"一词相对的是"负能量"，它带给人消极的情绪，对人的职场和生活都极为不利。当负能量占据优势的时候，我们的生活就极为黯淡，当我们的内心充满正能量的时候，内心蕴藏的自信、豁达、愉悦、进取就会在我们身上尽情地表现出来。

如此看来，"正能量"果真是个好东西，但就算我们把以上话语反复阅读、研究甚至背诵下来，也未必明白"正能量"究竟为何物，人们应该如何利用正能量。比如，上文提到的学生，她烦恼、郁闷，她希望自己能获得正能量，她也渴望自己能给周围的人传递正能量啊！问题的关键是：她怎么才"能"拥有正能量，她怎么才"能"传递正能量？"应该"怎么做和"能"怎么做之间，是有一定距离的。

早在几年前我系统学习了一些心理学的知识后，就开始引导学生多说"快乐""幸福""开心"等词语，少用"痛苦""郁闷""空虚"等词语。那时我还不知道"正能量"一词,只是感觉中国字和词很奇怪,我们往往看见或听见"笑"这个字,就想笑;看见或听见"哭"这个字,心里就不舒服;听见"美丽",就愉悦;听见"丑陋"就遗憾。在比赛前如果反复告诫自己"别紧张,别紧张,千万别紧张",那么比赛时我们肯定会越来越紧张,甚至如本山大叔在小品里演的,张口就是"我叫不紧张"。因为我们虽然说的是"别紧张",但"紧张"这个词给人的感觉本来就是紧张。因此,比赛前反复告诉自己的,应该是"放松——放松",因为放松给人的感觉本来就是"放松"。

去年我们学校举办一二·九合唱比赛。赛后第二天,我到一个比赛名次不太好的班级去上课,问他们:"在合唱上场前,班主任跟你们说了什么话?"学生纷纷回答:"老师反复嘱咐我们'千万别唱快了'。"我说:"那你们上场后是什么表现呢?"学生们笑着说:"我们越唱越快,到最后唱得跟吵架一样,旋律都没了。"

为什么会出现这样的情况呢?因为五十个学生都在心里念叨"别唱快,别唱快!",而"快"本来给人的感觉就是快,所以会越唱越快。他们上场前应该想的是:"慢点,慢点……"

三年前,我们学校附近开了一家羊肉泡馍馆,没开多久就关门了。因为他们在门口贴的对联里说"保证不用病羊、死羊"——这原本为的是吸引顾客,但是"病""死"等字给人的感觉特别不爽,所以人们宁肯饿着跑到远处去吃饭,也不愿意进这家饭馆。

同理,我们在感到郁闷、痛苦的时候,若对自己说"我不要郁闷,我不要痛苦",可能会越来越郁闷、痛苦,因为这两个词给人带来的是负面情绪,远远不如说"我希望自己快乐,我希望自己开心"。

换句话说,若想让自己或别人拥有正能量,就要多想、多说你希望拥有的,尽量不说、不想你不希望拥有的,或者将担忧换成祝福。

班主任希望班级纪律好,尽量别说"同学们明天别迟到""某某不能打架啊！"，而要说"祝愿你们晚上睡个好觉，明早按时起床""同学们要像兄弟姐妹一样团结"。

很多教师热衷于让学生违纪后写检查，却发现学生越写越容易违纪，原因也在于每写一次检查，学生说"我以后绝不迟到、旷课、顶撞老师"相当于向自己强调"迟到、旷课、顶撞老师"。

前面说到，学生找老师诉说自己"很烦"，老师尽管在反复交代学生要拥有正能量、传递正能量。但是，老师传递给学生的，果真是正能量吗？果真如"百度"上所说，人不开心的时候喊几声"正能量"，就会积极乐观吗？学生满怀希望找老师谈心，老师却不等学生把话说完就阻止学生。若我是这个学生，我一定会更加郁闷、压抑，认为老师不理解自己。

难怪学生在离开的时候脸上写满失望。老师传递给她的显然不是正能量，甚至是负能量。

那么，当学生来找我们谈心诉说自己的烦恼时，我们应该如何引导呢？

学生说："老师，这段时间我很烦。"——注意，这个"烦"字会带来负面情绪。

老师说："哦！你希望自己快乐，是吗？"——这个"快乐"就能带来正能量。

学生说："是啊！我也希望自己能和同学们一样高高兴兴的。"——"高兴"一词能带给学生正能量。

倘若学生说"是啊！我不想烦恼"——"烦恼"还是属于负面词语——要想办法把这个词和学生分开。

老师说："嗯！你觉得这个'烦恼妹妹'陪伴你有多久了？"——在这里，老师直接把"烦恼"叫成了"妹妹"，让学生在接纳"烦恼"这一情绪的同时，又意识到"烦恼"和自己不是一体的，"烦恼妹妹"随时可以离开自己。这种方法属于心理学中的"叙事疗法"。

学生这时就可能敞开心扉诉说，老师一定要耐心倾听。因为诉说本身就是一种宣泄。每次学生提到"痛苦""郁闷"等可能带来负面情绪的词语时，老师都用"你希望自己快乐、幸福"等正面词语来纠正。当学生开始跟着老师说这些正面词语的时候，显然已经不是在说自己"不想要的"，而是在说自己"希望要的"，她会越来越开朗。

这就是传递"正能量"。

我们都知道，对于不良情绪，"堵"不如"疏"，拥有正能量、传递正能量，自然不能无视郁闷、空虚等情绪。最明智的方法不是拒绝承认它的存在，而是引导学生，当他每次有了负面情绪后，马上很宽容、很理智地说："我知道你（负面情绪）又来了，我理解、接纳你，同时允许你存在五分钟（或更长时间），然后我要继续开心、幸福……"这样做就传递给了学生正能量，会让学生更加喜欢和老师谈心。

正能量如今已被很多人挂在嘴上。但是，任何一个词语都不是人云亦云、依葫芦画瓢就能掌握的，而需要学习、思索、研究。真正掌握了传递正能量方法的老师必然魅力倍增。

## 策略3：善解人意
## ——避免好心办坏事

善良是一种态度，是我们的底线，而善解人意是一种素质，需要我们不断学习、思考才能得来。倘若班主任经常感觉自己对学生做的事"好心没好报"，就应当考虑一下：我们是否有足够的善良，却没有做到善解人意？

闲暇时，我常想：生活中为什么常常有好心办坏事的时候？我们很善良，我们希望班级优秀、学生成才，为什么到最后却事与愿违？为什么学生不理解、不领情？

因为，与"善良"相比，"善解人意"更重要。换句话说：善良是一种态度，是我们的底线，而善解人意是一种素质，需要我们不断学习、思考才能得来。

对于善良和善解人意的区别，我不妨用几个例子来阐述。

某日，一个 7 岁的小男孩上学迟到了，看到同学们都在认真上早读课，他偷偷溜进教室。刚刚坐下，他就听到老师的一声怒斥："你怎么又迟到了？马上过来罚站！"

男孩子被吓得直打哆嗦，接着满脸通红，坐在凳子上不动。就在老师打算继续斥责时，忽然一阵骚动，与男孩子坐同桌的女孩子不小心把水壶打翻了，满满一壶水全洒在男孩子身上……

多年后，男孩子和当初的同桌相遇，不久就相恋，最后决定携手共度一生。在婚礼上，他们邀请了好多小学同学，新郎在致辞时说："其实，我在上小学的时候，就爱上了我的新娘。印象最深的是她将一壶水洒在我身上……"很多同学还记得那件事，不禁微微笑起来。

新郎继续说："今天，我要告诉大家一个秘密。其实，那天她不是不小心把水洒到我身上的，她是故意的。因为当时她坐在我旁边，发现我被老师斥责后，吓得尿裤子了，就假装不小心把一壶水洒在我身上。从那天开始，我就知道，她不仅善良，还是世界上最善解人意的女孩。"

现在让我们设想一下：倘若女孩子只是善良，她可能会说："老师，您别再批评他了，他都被吓得尿裤子了。"这会让男孩子情何以堪？这就是好心办坏事。但是，女孩子把一壶水洒在男孩子身上，就不动声色地化解了男孩子的尴尬。这便是善解人意。

善解人意是一个优秀班主任必须具备的素质，具体表现在具备一颗同理心，能站在对方的立场上思考问题，这是一种体验别人内心世界的能力。也就是心理学中所说的"共情"。

倘若班主任经常感觉自己对学生做的事"好心没好报"，就应当考虑一下，我们是否有足够的善良，却没有做到善解人意？

我曾经听说过一个真实的案例。

一个中职班主任,发现班里成绩最优秀、打算参加技能竞赛的学生小明(化名)上课注意力不集中。经询问得知,孩子的父母正在闹离婚,他父亲有了外遇。这个认真、负责的班主任马上找孩子的父亲家访,要求做父亲的以孩子的成长为重。孩子的父亲面对不甚熟悉的班主任,只能满口答应。但是,班主任在周末却看见孩子的父亲依然和那个"第三者"在一起。她非常气愤。她要为小明的前途负责,她要为小明的母亲挽留住丈夫。于是班主任将这一切告诉了孩子的母亲。做母亲的气势汹汹地找到丈夫大吵大闹,男人索性撕破脸皮,非离婚不可。女人一怒之下杀了丈夫,自己随之入狱。原本成绩很优秀、打算参加技能竞赛的孩子,转眼间成了杀人犯的儿子,无依无靠。

班主任果真很善良、很负责。接下来,她在周一的升旗仪式上倡导全校师生为小明捐款,孩子在众目睽睽之下被揭开伤疤,对班主任恨之入骨,唯一的念头就是"杀了她"。

小明刺杀班主任当然没有成功,却将自己送进了少管所。我做心理咨询师的朋友,是在为少管所开心理健康讲座的时候听说这个故事的。后来她找到小明的班主任,问她对这件事有什么看法。这位认真、负责的班主任竟然丝毫认识不到自己的错误,义愤填膺地说:"我做这一切都是为了小明好,这个孩子竟然要杀我……他真是没良心……"

这个班主任显然很善良,但是她并不善解人意。她显然不知道小明需要的是什么。

也许有的老师会说:"我知道共情和善解人意很重要啊!但是,我怎么才能做到与学生共情,怎么才能做到善解人意呢?"

(1)老师应该走出自己的参照框架,进入学生的参照框架,把自己放在学生的位置和处境来尝试感受对方的喜怒哀乐。这种感受越准确、越深入,共情的层次就越高。

（2）如果老师不太肯定自己的理解是否正确、是否达到了共情，可使用尝试性、探索性的口气来表达，请学生检验并做出修正。比如，老师可以问"你刚才的意思是，你总感觉别人看不起你，是吗？"，以此来判断自己是否真正理解了学生要表达的意思。

（3）共情的表达要适当，要因人、因事（学生的问题）、因时、因地而宜，尤其不能忽略学生的社会文化背景，否则就会适得其反。一般来说，问题比较严重（尤其是情绪反应强烈）、表达比较混乱、寻求理解的愿望强烈的学生对共情的要求较多。

（4）共情的表达除了语言之外，还有非言语行为，如目光、表情、身体姿势、动作变化等。有时，运用非言语行为表达共情更为简便、有效，老师处理问题时应重视二者的有机结合。

比如，有一次，我们班的三个女生打了女生雯雯。我知道后当然要处理此事，首先让这三个女生向雯雯道歉。但是，同样是挨打，被打的人所受的伤害不一样。有的同学挨打后，打人的同学道过歉了，事情也就过去了；而雯雯在三个同学道歉后，还是觉得委屈。于是我要求四个人的家长一起到学校解决此事，三个打人同学的家长一起向雯雯母女道歉。雯雯的妈妈接受了道歉，但雯雯还是哭哭啼啼的。雯雯的妈妈便很生气，一手指着雯雯，凶神恶煞地怒叱道："人家道歉了你还哭！还哭！！你还蹬鼻子上脸了是不是？"雯雯吓得瘫倒在地，大哭起来。我马上蹲下去紧紧地抱着她说："我知道你受委屈了，原谅不原谅她们，由你自己决定。但她们必须要道歉。老师知道你受委屈了……"这时我对雯雯的拥抱就是最好的共情方式。后来她跟我的感情非常深厚，甚至很多话不肯对妈妈说，却愿意对我说。

（5）角色把握在共情时显得特别有意义，老师要做到进得去，出得来，出入自如，恰到好处，这样才能达到最佳境界。所谓"进得去"，是指老师确实能够设身处地地体验学生的内心世界；所谓"出得来"是指老师在共情的同时没有忘记自己的身份，没有丧失客观、中立的立场。

（6）我要提醒的是：最简单、最有效的共情，是重复学生的话。比如，学生说："老师，我来到这所学校后，特别想家。"老师可以很认真地点头："哦！你来到学校后，很想家，很想妈妈。"这样学生就感觉到，老师很重视他的感受，会产生被理解的愉悦。反之，如果老师说"家有什么好想的？每个人都要长大，每个人都有离开家的时候……"，学生就会认为老师不理解自己。

## 策略4：善于倾听
——抓住引导的契机

我们常常看见一些老师批评学生时，言语像连珠炮似的，其实那些批评的内容多是宣泄自己的不满，是重复了无数遍的老生常谈。学生在受训时之所以一言不发，并非为我们的逻辑所折服，而是我们尚未开口，学生就知道我们要说什么，或者他们认为沟通无效，干脆懒得理我们。

闲暇时阅读《西游记》，看到悟空学会七十二变和筋斗云后，回到花果山自信满满，一会儿到地狱里毁坏生死簿，一会儿又到东海抢定海神针，并将定海神针变到无限大，甚至把天捅了一个大窟窿……

我掩卷沉思：悟空如此闯祸，是故意的吗？显然不是，他是不知道在讲究秩序的社会里人们应该遵循的法则、法规，因此与整个天庭产生了矛盾冲突。

如今再来看我们的学生：他们吵架、旷课、迟到、与老师闹矛盾……他们是故意气老师的吗？我看未必。至少我们与学生的很多矛盾、误会，是因为缺乏有效的沟通而导致的。而有效的沟通，需要认真倾听、耐心引导。

比如，2013年5月23日，四川雅安地震第三天，学校要求各班利用早读时间组织学生为灾区募捐。

那天上午第一节是三班的课，我一走近教室，就听见班主任辛老师在发火："国家为了培养你们，花了多少钱，现在雅安地震了，让你们捐点钱，让你们为国家分些忧，这个要求过分吗？现在看看你们捐款的数目，怎么就那么没有感恩之心……"

辛老师一边说，一边气冲冲地走出教室，迎面看见我，便和我低声私语道："我知道小雪的家庭条件蛮不错的，平日里大包小包地买零食吃，现在向灾区捐款，她却不情不愿，竟然只捐了1元，和她要好的学生也跟着只捐了1元……"

辛老师气呼呼地离开了，小雪等几个学生在自己的座位上嘀嘀咕咕的。我审时度势，认为马上上课显然不够明智，便让她们站起来大声说出自己的心里话。

小雪率先发言："我们还是学生呢！我们捐款捐的也是父母的血汗钱，何况，就算每人捐10元，又有什么用啊！"

另一个女孩子也附和说："班主任说得没错，我们上学，国家补助了很多。但我就纳闷了，既然国家每年补助我们每个中职学生很多钱，可见国家有钱，何必非要在乎我们这点零花钱呢……"

有几个学生跟着点头。又有人七嘴八舌地说："从小学到现在，我都不知道自己捐了多少次钱了，虽然每次捐款不多，但我们是来学习的，不是来捐款的。我们又没有工资……"（当时网上这样的论调很多，学生估计是从网上学到的。）

班长听不下去了，说："这是学校组织的活动，别的班级都捐款，就咱们班不捐，行吗？难道人家班的学生都有钱，就咱们班的学生穷，没钱吗？"

更多的学生却选择了沉默。班长的话显然不能让同学们服气，却也无言反驳。

等学生的情绪平静下来，我说："同学们的心情我明白了。现在让我谈谈自己的经历：我的孩子第一次送我生日礼物时，他才7岁，他用我给他的10

元零花钱给我买了一支口红。其实，我平时用的口红都比较贵，但自从有了孩子的这个礼物，别的口红我就不再用，而是先用这支廉价的口红。同学们想一想，我为什么会这样做？"

学生纷纷回答："您在意的不是口红的价钱，而是孩子的心意。"

我点头："10元钱本来就是我给孩子的零花钱，孩子用我给他的钱为我买礼物，我特别高兴，又是为什么？"

学生回答："因为你觉得孩子有感恩之心，有孝心。"

我点头："是的，我是在培养孩子对母亲的孝心、感恩之心。同理，雅安地震了，为什么学校要组织大家捐款？难道国家真的穷到了需要同学们——甚至幼儿园里的小朋友拿出零花钱支援雅安的地步了吗？不是的，雅安灾民需要的不是同学们的钱，而是你们的关心。所以我们捐的不是钱，而是对灾民的关心。捐款只是关心他们的一种方式。学校组织学生捐款也不是走形式，而是希望有一个'他人有难，八方支援'的社会环境，是希望我们拥有这样一种习惯——在别人有了困难的时候，我们能伸手帮助他们。让同学们明白一个道理：一个人是否富足，不在于他（她）拥有多少金钱，而在于他（她）是否有能力给予他人更多的温暖。这个习惯需要大家从幼儿园时期就开始培养。刚才几个同学说得不错，我们来到学校，为的是学习、是成长，不是为了捐钱。但培养感恩之心并养成帮助别人的习惯，就是学习的一部分啊！捐钱只是形式而已。"（以上交流，我运用了心理学中的"自我开放"理论。自我开放亦称自我暴露、自我表露，指教师提出自己的情感、思想、经验与学生分享，其目的不在于谈论自己，而在于借自我开放来表明自己理解并愿意分担学生的情绪、困惑，促使学生做出适合自己的选择）

班里的学生纷纷点头，表示认可我的这一说法。我再次感叹：我们的学生处于青春期，似乎满身是刺，但其实他们挺讲道理的。在师生的意见有了分歧之后，只要老师能仔细倾听，平等对话，合理引导，学生必然能分清是非。

且让我把捐款的故事继续下去。

不等下课，小雪就坐不住了，她说她要找班主任请假，打算今天就到灾区做志愿者："我没捐款，但我可以用行动支持，帮助雅安人走出困境。"同学们都惊呆了，纷纷劝她不要冲动。小雪却是一副倔强的表情。

我问："你打算怎么去雅安？"

小雪说："我自己坐火车去。"

"你打算带什么东西去？"

"我没钱，也没有物，我只有热心，我会去帮助他们干活，我可以去安慰灾民。"

我问学生："你们通过电视，看到现在灾区人民每顿饭吃的都是什么吗？"

学生纷纷回答："他们吃的是白米粥、白水煮面条，没有一点蔬菜。"

我点头："而且每人只给一勺，只是不让饿死而已。你就这样过去……"

学生纷纷笑："你是去抢人家的口粮呢！"

"说不定你会成为人家的累赘。"

小雪不死心，说："就算我去吃了他们的一点口粮，但是我可以安慰那些灾民啊，我可以去疏导他们的心理问题……"

我正色道："小雪，做心理咨询是一门很专业的学问，你没有咨询师的资格证，是不能做心理咨询的。就算你有了心理咨询师的资格证，也未必适合做创伤后应激障碍的工作，应该让那些有能力的人去做这项工作。你不能拿灾区的人做实验。而且，据我所知，创伤后应激障碍，至少应该在灾害停止数月后才开始进行诊断治疗。"

小雪忽然很沮丧："那我能做些什么？我只捐了1元钱，又不能去做志愿者……"

我说："学校组织这个活动的目的本来就是为了让你们养成关心他人的好习惯，现在你已经在这个活动中反思了很多，你更加成熟了、理智了。你只要安心学习，做好自己的事，就足够了……"（以上对话，我运用了后文要提到的"面质"。面质又称质疑、对质、对峙、对抗、正视现实等,是指老师指出学生身上存在的矛盾。其目的并不在于向学生说明他说错了什么话或做错了什么事。而是反射矛盾,帮助学生理清头绪,做出正确选择)

身为班主任,我们确实很忙。但是无论多忙,在与学生的交往过程中,我们也要养成认真倾听的习惯。只有了解了学生的真实想法,才可能对症下药。我们常常看见一些老师批评学生时,言语像连珠炮似的,其实那些批评的内容多是宣泄自己的不满,是重复了无数遍的老生常谈。学生在受训时之所以一言不发,并非为我们的逻辑所折服,而是我们尚未开口,学生就知道我们要说什么,或者他们认为沟通无效,干脆懒得理我们。

我个人认为,在与学生交流的时候,老师首先不要说此类话:"凡是……都……"(比如"凡是只捐1元钱的同学,都没有感恩之心、同情之心")或者"你肯定是……"(比如"你肯定是故意和学校的决策作对。你不捐钱不是因为你没有钱,而是因为你自私")等。这两个句子本身就有很大漏洞,会让学生感觉我们不可理喻。因为,我们的感觉和事实真相之间总有很大一段距离。我们看到的是学生不情愿捐钱,于是断定学生没有同情之心、感恩之心;而学生看到的是国家给了中职生很多补助,学生纳闷"这么强大的国家怎么就看上了我口袋里的零花钱"。师生双方的想法不一致,老师却不能进行有效的沟通,自然会产生矛盾。

其次,在与学生交流的时候,老师需要避免的句子还有"你应该……"和"你必须……"等,这些都是居高临下想当然的话,会让学生觉得自己与老师不平等。从心理学角度看,没有人心甘情愿地俯首帖耳、聆听教诲。被别人耳提面命本身就是一种不平等,显示了信息接收者的弱势地位。而自尊又使每个人都渴望成为强者,渴望依靠自身力量去发现问题、解决问题,获得真理性的信息。

因此,老师若提出"你应该……"和"你必须……"等要求,远不如蹲下身子耐心倾听学生的心声,充分表达对学生的尊重,与学生共情,让学生感觉到我们能设身处地地体会他们的烦恼和观点等。

这是师生有效沟通的第一步。

当师生的心都处于开放状态后，老师便可以用自己较成熟的观念去影响学生。例如，上文我与学生的对话，便是运用"自我开放""面质"等技巧，一步步地询问、引导，让学生推翻自己原先的言论，做出正确的选择。

这种问话方式被称为"苏格拉底产婆术"。

据说，苏格拉底的妈妈是一个"接生婆"，他是从妈妈的工作中得到启发，认识到每个人的内心深处都有真理，都有正确的选择。而老师的任务就如同一个"接生婆"，要帮助学生"生"出（即发现）他（她）自己的真理。

最后，在和学生交流的时候，老师应当保持清晰的思维，学会分类。比如在上面的例子中，我告诉学生学校组织的活动的形式是捐款，实质是对雅安灾民表示关心，是学习感恩……这就是为事情的形式和目的做分类，学生会在老师理智的引导下明白事理。

## 策略5：知识渊博
——敢于在课堂上跨学科教书

何必把知识划分得那么清楚呢？若是单单讲哲学，学生必然排斥；单单欣赏曲艺，学生会觉得落伍；只讲职业生涯规划，学生又觉得枯燥。远不如这样瞅准机会，哲学与人生、曲艺与文学、职业生涯与音乐……混到一起讲，如东北名菜"乱炖"，味道鲜美、营养丰富，岂不甚好？

爱因斯坦在《论教育》中曾说：用专业知识教育人是不够的。通过专业教育，他可能成为一种有用的机器，但是不能成为一个和谐发展的人。要使学生对价值有所理解并且产生热烈的感情，他必须获得对美和道德的鲜明的辨别力。否则，他——连同他的专业知识——就更像一只受过良好训练的狗，而不像一个和谐发展的人……这些宝贵的东西，是通过同教育者亲身接触，而不是——至少主要不是——通过教科书传授给年轻一代的。

对爱因斯坦这席话，我深以为然。

我一直认为，在语文、历史、政治、音乐、美术等课堂上，教师传授知识是次要的，主要是要激起学生对智慧的爱，是要让学生受到美的熏陶。

比如，有一次，在我为学生上德育课的课间，一个男生看着我的计算机屏幕好奇地问："《两头忙》？老师，你这里的《两头忙》是什么意思啊？"

我说："这是一个河南坠子的唱段。"

学生惊叹："老师喜欢看戏啊！河南坠子就是豫剧吧？"

我笑说："河南坠子是说唱音乐，属于曲艺。而豫剧又叫河南梆子，是戏曲。哪个同学来谈一下曲艺和戏曲的区别？"

学生中总有一两个具备这样的常识。我们一起探讨，马上总结出：坠子一般一个主唱，三个乐队伴奏，他们都在舞台上。主唱可以扮演好几个角色，边说边唱边打，或坐或站或走动。演出场合是酒楼、茶馆、富贵人家的客厅，甚至大街；而豫剧需要很多演员各自扮演角色，一般在戏楼里演出，伴奏也复杂一些，演员在台上演出，伴奏在幕后或乐池里。

另一个学生摇头："真想不通以前的人怎么会喜欢听戏。"

我马上又问："谁能解答这个问题？"

大家又在我的引导下进行总结：以前没有电影、电视、计算机，人们要休闲放松、谈生意、联络感情，不能总是待在家里啊！到戏院看戏，或在茶馆、酒楼听一些说唱音乐，都是很好的交流方式。当时，普通百姓没办法接受学校教育，戏曲和说唱音乐便起到了很好的教化作用。

有人说："老师，我们听听《两头忙》吧！看看我们总结得对不对。"

我点击打开，一个妙龄少女出现在屏幕上，轻启樱唇唱道："高高山上，有俩街坊，一个姓李一个姓张。张家有一个大公子，李家有一个大姑娘。他们两家门当户又对，商商量量就拜了堂。正月里说媒二月里娶，三月里生下一个胖儿郎。四月会爬,五月会跑,六月里送到南堂念文章。七月里进京去赶考,八月得中了状元郎。九月领凭去上任,十月里告老还家乡。十一月得了一个冤孽症,他是腊月三十见阎王。你说这个小孩儿他命多苦,一辈子没有喝过饺子汤。怹要问这是一个什么段,咱们起名就叫《两头忙》。"

也许是因为感到新奇,或者是因为女孩子的声音清脆动听,学生对《两头忙》很感兴趣。他们听到女孩子唱"三月里生下一个胖儿郎"就开始会心微笑,最后感叹:"老师,这也太夸张了,哪里有这么快啊!一年不到他就上学、考状元、告老还乡,得病去世了。"

上课铃响了,有人说:"蛮新鲜的,老师,再听一遍。"

我便重新播放一遍。

这次,已经有一部分学生沉思起来。

我问:"感受到其中的教化作用了吗?"

学生点头,又摇头,接着要求:"老师给我们讲一讲吧!"

我说:"这段坠子反映的其实是一个哲学问题——人生何其短暂!少年、青年、中年、老年,可以用一年四季来表示。"

学生恍然大悟:"少年是春天;青年是夏天;秋天是收获的季节,是中年;冬天是老年。"

我点头:"也可以用一天来表示。早晨相当于我们的……"

学生:"少年。"

老师:"中午……"

"青年。"

"下午……"

"中年。"

"晚上……"

"老年。"

我最后说:"然后就是休眠了。"

教室里安静了一些，有人叹息："这个话题怪沉重的。"

我说："是啊！所以我们要珍惜时光。人的一生真是转瞬即逝的事情，咱可不能白来世间走这一遭……"

接下来的课堂，学生认真了很多……

其实，何必把知识划分得那么清楚呢？若是单单讲哲学，学生必然排斥；单单欣赏曲艺，学生会觉得落伍；只讲职业生涯规划，学生又觉得枯燥。远不如这样瞅准机会，哲学与人生、曲艺与文学、职业生涯与音乐……混到一起讲，如东北名菜"乱炖"，味道鲜美、营养丰富，岂不甚好？

所谓教无定法，所谓"润物无声"或者说文化熏陶，包括"教育即生活，生活即教育"等，指的就是这样的师生讨论吧——让人在不知不觉中就感受到了传统文化的魅力。再进一步说，在交流中受到心灵净化的，其实不仅仅是学生，更有老师。我在和学生这样的交往中，切实体会到学生都有向上、向善、向美之心，我常常被他们的纯洁、坦率感动，是他们一次又一次地激发了我的灵感，让我在书中读到的知识变得活泛起来，让我在传播知识的同时感受到了自己的"富足"和存在的价值。

班主任的卓越，就是如此修炼而来的。

## 策略6：事事关心
### ——真正为学生解惑

在学生因学校教育和社会现象不一致而深感困惑时，与其高喊道德口号，不如从各自的切身利益出发问学生："如果是你的亲人摔倒了，你是否希望他们得到路人的帮助？""我们都有年迈的一天，将心比心……"让学生明白，善于有效地帮助别人，并营造助人为乐、见义勇为的社会环境，为的是自己，这是内在的需求，而不是外在的束缚。

我们德育课的第一个环节是"时政播报",即让学生自己收集本周新闻,在讲台上报道,供全班学生讨论。目的是开阔学生的视野,培养学生的思辨能力,避免"两耳不闻窗外事"。

这是一个深受学生欢迎的课堂环节。

2013年11月28日的"时政播报",讲的是两周前广东省汕头市两名高三学生扶起了骑电动车摔倒的老人,反被诬陷讹诈的故事。谁知"一石激起千层浪",学生一时变得义愤填膺,纷纷起立发言,首先谈到达州小学生搀扶摔倒的老人却被讹诈;又联想到彭宇案、许云鹤案,还有某些老人在公交车上因为没人让座,就辱骂甚至殴打年轻人……

最后学生感叹:"现在的老人怎么了?""是老人变坏了,还是坏人变老了……"

群情激昂中,时政播报员"不失时机"地总结、提问:"看到这种以怨报德的事件,我都迷惑了——我们以后看见老人摔倒,是扶还是不扶?"

学生异口同声地回答:"不扶!"

我吓了一跳——今天的时政播报竟让学生得出一个"老人摔倒了不扶"的结论,我该怎么去引导?在互联网上针对这个话题已经有很多辩论。今年郑州市中招考试的政治试题就有一题是:老人摔倒了你扶还是不扶?据说标准答案是要扶的。学生都知道怎样回答不被扣分,但为什么他们在课堂上却异口同声地说"不扶"呢?

我请大家少安毋躁,说:"今天,我也来给大家播报一个发生在2011年9月的真实故事:武汉88岁的李爷爷在离家不到100米的菜场入口迎面摔倒后,围观者无人敢上前扶他一把。1小时后,李爷爷因鼻血堵塞呼吸道窒息死亡。"

班级里一片唏嘘。我继续说:"两年前,教你们舞蹈的张老师因为喝了一瓶变质的绿茶,导致拉肚子、虚脱,在赶往医院的路上晕倒。她在地上躺了好久,没有一个人去帮助她,直到她自己恢复一些体力后给学校打了电话,才被送往医院……"

学生没想到自己熟悉的老师曾这样无助，一个个目瞪口呆。一个女生忽然站起来，又坐下去，满脸焦虑地感叹："太冷漠了！太可怕了！我怎么能生活在这样的环境中……"

我拍拍她的肩膀，同时问："为什么路人不扶李爷爷和张老师？"

"还是担心被讹吧！"

我点头："是的。李爷爷不会讹人，张老师更不会讹人，却因为以前有人以怨报德，导致我们这些无辜的人需要帮助时，没有人愿意伸出援助之手。那些讹人的人被调查出来后，最多是一个道歉，几日拘留。但他们对社会造成的负面影响何其大！所以我们说那种人坏，坏就坏在他们的行为对整个社会的污染，他们伤害了社会上的一大批热心人。以后我们的亲人摔倒接受帮助后，会不会讹人？"

"绝不会！"

这时，又有学生说："我难过的是，凭什么让无辜的李爷爷和张老师为这些讹人的人埋单？"

我点头："真正的悲剧就是：一个平凡的人（比如李爷爷、小悦悦），他们没有故意做坏事，却由于世风、环境、命运等陷入一种极悲惨的情境。这种极悲惨的情况，会让我们产生两种感情：一是'怜悯'，因为他们没有做坏事，下场却很悲惨，所以我们怜悯他们；二是'恐惧'，因为发生在他们身上的事极有可能发生在我们自己身上。"

学生沉默着。

良久，有人叹息："这些事情可能发生在我们身上……"

我点头："所以，老人摔倒了，我们必须去帮忙，这不是为了别人，而是为了自己。因为，我们每个人都有年迈的时候，我们每个人都有柔弱不堪需要别人帮助的时候。如果是自己的亲人摔倒了，你是否希望他们得到周围人的帮助？"

学生纷纷点头。

"如果我们看见老人摔倒却袖手旁观，那么当我们的亲人摔倒后，又怎么可能得到他人的帮助？"

这时，教室前排的一个女生说："老师，我妈妈曾经遇到过这种事。两年前，她的胆囊炎犯了，晕倒在我家门前的马路上……后来，被路人送到了医院……"

另一个女孩也迫不及待地站起来，说："我也曾经晕倒在我家附近的菜市场上，是由于急性阑尾炎发作，幸好被及时送到医院做了手术，否则后果不堪设想。那些送我的人也并不认识我。"

我说："可见，尽管社会上有以怨报德的人，但见义勇为的人更多。现在我们再来回答，以后看见老人摔倒，你帮还是不帮？"

经历了这样的讨论，我以为学生会异口同声地回答"帮"，不料学生的反应还是迟疑，只有少数女生小声地嘀咕："毕竟是生命，还是要帮助他们的吧！"

马上有反驳的声音出现："万一被讹了呢？"

女生的声音大了些："一般不会被讹。而且，就算被讹，我也认了。"

教室里再次纷纷议论，我让其中一个学生站起来回答，她说："这个问题太难回答了！不仅仅是被冤枉的问题，谁的心里都受不了这样的窝囊气。何况，若真是法院判我们赔人家十几万元，我们也拿不出来啊！又该怎么向父母交代？"

我说："这个同学的顾虑有道理。所以，这就需要我们身后的政府、法律来为这些热心人撑腰。我们盼望有更完善、妥帖的法律及医疗保障制度出台，来约束或避免那些人以怨报德。"

学生点头："但是，现在这样的法律和医疗保障制度还没有出台啊！我们等制度完善了再帮老人吧！"

我笑说："这可不能等。现在我们要讨论的是：怎样做一个聪明的好人？怎样在保护自己的同时帮助他人？让我们再来看昨天（2013年11月27日）

《河南商报》的文章——"

25日早上7点多,浙江省金华市区后城里街和迪耳路交叉口的非机动车道上,一位八旬老人突然脸朝下摔倒在地,伤势不明。孙女士恰好经过,马上拨打了120,同时挡在了老人前面,指挥过往的电动车和自行车绕道。其他守在边上的市民也很默契地围成一个圈,将老人护在中央。

有人跑到街头,叫来了协警。了解情况后,协警将在地上躺了五六分钟的老人慢慢地挽了起来……

接下来,我让大家畅谈看完这则新闻的感受。

有学生说:"孙女士挺聪明的,既帮助了老人,又没有被讹的风险。"

还有学生说:"这个社会还是好人多,那么多人都自觉围成圈保护老人呢!"

我说:"老人摔倒,原因很多,我们贸然去扶并不可取,说不定会好心办坏事。因为我们不知道老人患了什么病。有的人因病摔倒,是不能轻易移动的。就算移动,也有很多讲究。因此,保护现场、拨打120求助,应该是不错的选择。现在,我们把'扶'换成'帮'。我要再次问大家:如果在路上看见老人摔倒了,我们帮不帮?"

学生异口同声地回答:"帮!"

我点头:"做一个聪明的好人,有很多注意事项,请大家在课下查阅资料,下节德育课我们继续讨论、分享……"

……

走出教室,我的心久久不能平静。人们总在感叹国人"道德滑坡、世风日下",作为教育工作者,难道我们没有一点责任吗?

中招考试的试卷上,学生对于"老人摔倒了你扶还是不扶?"的回答那么一致,但在内心深处,他们却有着截然不同的答案。为什么?

我们在课堂上总喜欢高举道德的旗帜,动辄进行道德归因、是非判断,却往往忘记了，歌颂舍己为人不错，但其前提是要承认每个人都有不可剥夺的个人权利。个人权利在帮助别人后难以受到保护，我们怎么去说服学生伸手帮人？因此，针对这一种情况，与其高喊道德口号，不如从各自的切身利益出发，问学生："如果是你的亲人摔倒了，你是否希望他们得到路人的帮助？""我们都有年迈的一天，将心比心……"让学生明白，善于有效地帮助别人，并营造助人为乐、见义勇为的社会环境，为的是自己，这是内在的需求，而不是外在的束缚。当然，我们更希望有完善的法律、法规、制度做保障。

但最让我震惊的是学生的感叹："是老人变坏了，还是坏人变老了……"

算起来，这些老人多数在 70 岁左右，即使没有生在新中国，也是长在红旗下，接受的是新时代教育。但是，为什么这些老人屡屡做出让人痛心的事？

也许是缺乏信仰所致吧——无论是宗教信仰，还是政治信仰，人总要有信仰才好。

我国台湾哲学家傅佩荣对"信仰"的解释是：信，就是感恩；仰，就是敬畏。一个心存感恩又敬畏生命、自然的人，做事有很多原则。真正伟大的宗教，都是劝人感恩、向善的。我们中国没有国教，但根据冯友兰的《中国哲学简史》所说，儒家思想对中国人一向有着宗教的意义。遗憾的是，新中国成立后，儒家思想就受到了压制，特别是受"文革"期间的批林批孔运动的影响，人们不再讲"仁义礼智信"。一个人既不知道感恩别人的帮助，同时又不讲仁义、诚信，对生命、道德、法规没有任何敬畏，难免会做出以德报怨的事。现在网络何等发达，这样的事对世风的负面影响又何其大？作为教师，我们该做些什么，又能做些什么？

我们该做、能做的，绝不仅仅是传道、授业，而应分析社会现象背后的原因，在课堂上用有效的方式为学生解惑，做一个"家事、国事、天下事，事事关心"的班主任。

打造中职卓越班级的41个策略

## 策略7：以柔克刚
### ——转败为胜的法宝

教师"退一步"的做法绝非软弱，仅仅是放下"争胜"，站在学生的立场上思考问题、质疑自己。这样的退让、质疑常常能在师生矛盾冲突激烈时"釜底抽薪"。

午休时我接到一条短信："老师，我是小西，请你以后不要把我当教材。谢谢！"

我立即明白了是怎么回事。上午我在给二年级某班学生上课的时候，谈到哲学的"爱智慧"，即对事物保持好奇心，探究事物的真相，当时我引申说："其实，我们遇事保持好奇之心，多问一些'为什么'，就不会在受到冒犯或冲撞时生气。比如，有一次我们班的一个学生（这时我忽然想到这个班的很多男生和小西是好朋友，就忍不住笑着说），呵呵，就是小西啊！他有一次在班里怒气冲冲地看着我生气，像看仇人一样。我当时莫名其妙，脑子却在飞快地转着：'他今天怎么了？他为什么这样对我？难道是我哪里得罪他了……'这样一想，我只顾着反思自己的错误，想知道他生气背后的原因，就不再着急，因为我没时间着急了……"

当时我感觉用现实中身边的例子讲述，学生会更容易理解。没想到这样说伤了小西的心。想想也是，很多在我们成年人看来没什么大不了的事，在学生看来却可能是丢了面子。比如，前段时间我看莫言的一篇回忆自己学生时代的文章，说有一次学校集会，校长说话长篇大论，莫言急着要上厕所，喊了几次报告，校长都没听见，最终莫言忍不住了，一边向厕所跑一边哭喊："忍不住了啊，我拉了……"（大致意思是这样，原文我忘记了）这一行动导致全校师生——包括校长在内，笑得前仰后合。莫言现在不觉得说自己童年时期的"糗事"丢人，我们也感觉莫言当时很可爱。但是，我相信在莫言青春期的时候，谁要谈起此事，他绝对会生气恼怒的——这就是"时位之移也"。

现在再来看上午讲课举例的事，我真是对不住小西了。我只以成年人的观点来说小西的事，却没想到小西会受不了。可见，就算我们一直怀着质疑自己的虚怀若谷的心，也不免于无意中做出伤害学生的行为。

于是我急忙给小西回短信："对不起小西，我以后不会再讲了，希望你原谅我。老师虽然是成年人，却也有考虑不周详的时候，我伤害了你，是我错了！"略一思索，我又发了一条短信说："谢谢你提醒了我，我不希望自己伤害任何学生——哪怕是无意的，我以后一定注意。"小西马上回复说："嗯，老师，没事了。"

我好感动，学生原谅我了。但我告诉自己：一定要引以为戒。克斯·范梅南在《教育机智》一书中说："教育学是一门实践性学科。一方面，教育者需要为了儿童的幸福随时准备站出来并接受批评。另一方面，教育学是一种自我反思的活动，它必须愿意对它所做的和所代表的随时质疑。"

我深以为然——我们需要为了儿童的幸福随时准备站出来接受批评，并质疑自己的言行。一个敢于认错的个体，是一个灵魂不断得到净化、不断进步的人。因为真理永远都是相对的，教师与学生交往中的很多事情，其实分不出是非对错。倘若教师在被学生反驳时，首先想的是保住自己的"面子"，而不是敞开胸怀接纳不同意见，只怕会丢失更多的面子。相反，当教师不是为自己的"面子"辩解，而是虚心接受批评时，其实是在用自己的言行告诉学生如何知错就改，如何拥有宽广的胸怀，如何用完美的眼光接纳不完美的自己和他人。这时，学生便会从教师的角度考虑问题，这才是既解决了问题，又保住了双方的"面子"。

教师对于自己与学生交往中的不足固然要质疑，对于自以为"真理在握"的行为也不妨进行反思或率先认错。

有一次，我在课堂上谈到一个自己十分钦佩的私立学校女校长如何理想远大、目标明确,如何做事有计划、有条理,如何办学成功等。我号召学生向她学习,不要自甘平庸、碌碌无为……

我的话还没说完,有一个女生站起来说:"老师,我不同意你的观点。你认为这位校长很成功,你认为她对每周、每天的学习和工作有计划、有目标值得我们效仿,我却认为很多人的学习、工作方式与她不一样,也未必就不成功、不快乐,不过是你们不知道人家的成功和快乐罢了。"

被学生反对总是让人感到不舒服的,何况这个女生的语气很不礼貌,但我不能不承认她说得有些道理:"子非鱼,焉知鱼之乐?"在山道上披荆斩棘、在海上乘风破浪或者在枝头占尽风光……确实是成功,但谁能说心存善良、甘于平凡就一定是失败呢?

我连连向学生道歉:"老师并不是强迫你们一定要接受我的价值观,我只是把自己的看法说出来供你们参考。如果我的说话方式有'勉强'加给你们的嫌疑,我很抱歉,是我词不达意,对不起……"

这个女生马上说:"不是的,老师!我们还是要谢谢您给我们这些建议……"

认错,因此成为老师自我救赎的起点;认错,也因此成为师生重建信任的开始。

事后,我反思了这节课:如果学生是田野里的花草树木,教师就应该像大地一样,为各种植物提供它们需要的营养,让它们自己决定吸收什么,而不是仅仅提供适合某种植物——比如小麦、玉米生长需要的营养。为此我们应该努力开阔自己的视野,给学生提供自认为合理的建议。但如何选择我们的建议,却完全在于学生自己……

说到这里,可能很多人会感觉李迪做事太糊涂、太软弱、不分是非、不讲原则,只会道歉。其实,我不是不讲原则,而是坚信老子所说:"将欲歙之,必故张之;将欲弱之,必故强之;将欲废之,必故兴之;将欲取之,必故与之。"也就是说:天意想要让它收缩,一定是因为它不断扩张的缘故;天意想要削弱它，一定是因为它已经变得非常强大的缘故；天意想要废除它，一定是因为它过于兴盛了；天意想要去夺取、灭亡它，一定是它太自不量力而越度。

这让我想到：学生逆反、抗拒我们的说教，是否因为我们的传授方式过于强势？

如此，让我们换一种说法：希望学生做出正确的选择，就先给学生选择的自由；希望学生接纳我们的观点，就给学生充分的尊重和宽容；明智的教师不会气势汹汹地强迫学生接受自己的价值观。只有顺应学生的发展，我们才能更好地陪伴他们成长。不要轻易去挑战青春期学生的自尊，他们需要的是保全、余地、遮蔽。在暴风雨来临的时候，参天大树可能被狂风刮倒而失去生命，柔弱的小草却能在风雨之后欣然挺立。因此，教师"退一步"的做法绝非软弱，仅仅是放下"争胜"，站在学生的立场上思考问题、质疑自己。这样的退让、质疑常常能在师生矛盾冲突激烈时"釜底抽薪"，不但能有效地制止师生双方的不妥当行为，还能体会到"宽厚、善良"等人格魅力。当我们能发自内心地赞赏自己的时候，也就是在悦纳自己、善待自己了。

## 策略8：保持童心
—— 减少师生"代沟"

所谓童心，并不专指七八岁的儿童之心，而应该是所有纯洁、晶莹、真诚、善良之心。若我们面对的是小学生，老师在某种意义上，就尽可能地让自己具有小学生的感情、兴趣……若我们面对的是十七八岁的中职生，则最好具有中职生的感情、兴趣、思维。

我在翻阅月儿老师和她的学生的照片。

照片里的月儿英姿飒爽，一群正值十六七岁的阳光男孩也神采飞扬，他们或者在草地上欢呼雀跃,或者在校园里跳兔子舞、广播操,更有甚者,几个小伙子竟然轮流穿着月儿老师的灰色风衣,迎着清风漾一脸灿烂的笑容,让所有看见这些照片的人都禁不住向往、羡慕。

月儿是一个"娴静犹似花照水,行动好比风扶柳"的柔弱女教师,却一直担任着职业学校纯男生班的班主任,并且每一次带班,师生感情都纯洁深厚,教育生活都有声有色。

月儿老师一边和我欣赏照片,一边讲着学生的故事。故事的主人公是一个正在舞台上弹吉他的男生,外表很酷。我们姑且叫他小亮,称即将上场的女主角为小丽吧!

小亮是一个文化课一塌糊涂却很讲义气的男生,这样的孩子身边总是会聚集一帮铁哥们儿。他和外班一个非常优秀的女生小丽关系不错。月儿老师对他们的来往并不制止,只是提醒小亮:"小丽的学业、人品、性格包括相貌,都无可挑剔,我不干涉你们交往,但无论是你还是她,都只能在交往中更加优秀,不能退步……"

小亮对老师的话是很上心的。

话说这一天学校组织歌手大奖赛,小亮和小丽都是参赛选手。比赛在晚上进行,小亮上午就去找月儿老师请假,说有事情要出去。月儿老师感觉他的请假理由不充分,没有批准。没想到,他竟旷课外出,下午抱回来一束鲜花。月儿老师问起来,他羞答答地回答,说这是他打算晚上送给小丽的。

月儿老师一听就开始埋怨:"你要在比赛中送礼物给小丽,上午就跟我明说啊!我家有好多绒布玩具,可以给你带来让你送,一来绒布玩具禁得起揉搓;二来也省得你花钱。你看你买这么娇嫩的鲜花,晚上不知道会有多少人找你借呢……"

小亮不作声,月儿估计他认为只有自己亲自买的鲜花,才足以表达那份纯洁的感情吧!听说他上午旷课是为了借钱买花,中午连饭都没有吃,月儿很心疼。她能理解小亮美丽、朦胧的初恋感情,便不再批评他。

晚上比赛开始，气氛很热烈，每一个歌手都能收到好朋友送的气球、娃娃、手工花等礼物。小丽是第七个出场，小亮抱着花站在台下，比她还紧张。等小丽的歌唱到一半时，他匆匆忙忙地上台把花向小丽手里一塞，头也不抬就跑了下来，急得月儿老师和班里的其他男生直埋怨："看你平时挺潇洒，现在怎么就不能从容一些？好歹和小丽握个手，我们也能为你照张相啊，你看你这算什么？"

其实，小亮从一下场就开始郁闷了。所谓的送花、送气球、送礼物，都是同学们闹着玩来烘托气氛的，一个礼物总要被送上去几次。因此，那边小丽一下场，鲜花就又回到了月儿的班级。小亮的好朋友们纷纷来向他借花，打算送给各自的朋友，小亮有点舍不得。月儿老师看出了他的情绪，说："你要是心疼鲜花，别人来借，你干脆一律回绝。否则，等比赛结束，鲜花肯定就被揉搓得不像样子了。到那时你还怎么送给小丽？"

小亮很为难："可是，向我借花的都是好朋友，我怎么好意思拒绝？"

月儿帮他出主意："你干脆现在把鲜花再次送给小丽，要借要留，让她去处置。"

小亮说："那不是让小丽作难吗？鲜花还是保证不了水灵的。"

于是，月儿的目光开始随着鲜花转，每次有人来借，她都反复交代要爱惜爱惜再爱惜……

这时，该小亮上场了。别的参赛选手唱歌都是光盘伴奏，他却是吉他弹唱，因此一上场就引来阵阵欢呼。小亮的人缘本来就好，送花、送气球、送彩带的同学络绎不绝，连小亮自己买的鲜花也被送上来了。全场气氛更加热烈。别去管学生的歌唱水平怎么样，反正这个活动让他们得到了欢乐和放松是不争的事实。小亮因为要弹吉他，抱不住那么多礼物，就随手把鲜花和其他礼物全部放到了地上。他歌唱结束刚打算去抱礼物，台下箭一般地跑上来一个同学，毫不客气地把礼物抱了个精光——全校学生一致认为礼物可以公用，都是为了开心、为了玩嘛！这就是少男少女们的单纯可爱！

小亮灰溜溜地从舞台上下来，越发郁闷，拖着自己的凳子就往教室走。负责维护会场秩序的学生会干部前去阻拦，小亮一言不发，朝着人家的脸就是一拳，维护秩序的老师被惊动了，跑来批评小亮："为什么打学生会的干部？你有没有把学校纪律放在眼里？有胆量你朝我身上招呼。"

小亮正气恼，真的就要拉老师去对面的操场上"练练"，这时月儿及时赶到，对小亮说："你心情不好我理解，但你不能把气撒到无辜的老师和同学身上啊！"

一句话提醒了小亮，于是他道歉、认错、改正……一切进行得顺理成章。

月儿的故事讲完了，我却在赞叹她做法的同时想到了李镇西老师所说的"只有童心才能保持童心"，"只有童心才能赢得童心。"

那么？究竟何为"童心"？李镇西老师曾在《童心万岁》一文中说：

童心乃儿童天真纯朴之心。人不可能永远处于儿童时代，但他可以永远拥有一颗童心。因为儿童的纯真与善良，在一个人不同的年龄阶段，都可以以不同的方式体现出来……

所谓童心，并不专指七八岁的儿童之心，而应该是所有纯洁、晶莹、真诚、善良之心。若我们面对的是小学生，老师在某种意义上，就尽可能地让自己具有小学生的感情、兴趣、思维和纯真；若我们面对的是初中生，老师就尽可能地用初中生的眼光去研究这个世界，并在教学中以此引导学生；若我们面对的是十七八岁的中职生，则最好具有中职生的感情、兴趣、思维。

有一次，我因有事在上班期间到某幼儿园去，一进门就看见一个四十多岁的老师正带着孩子们做游戏。师生头上都戴着熊猫面具，老师扭动着微微发胖的身子，很可爱地歪着头唱："小熊猫，你到哪儿去了？"孩子们一起配合她："大熊猫，别着急，听听声音在哪里？"老师果然做着夸张的动作去听声音……成年人看见老师这个样子可能会感觉滑稽可笑，但四五岁的孩子偏偏喜欢。这样的老师就找到了当老师的感觉——虽然已四十多岁，却依然和四五岁的孩子心灵相通。

月儿面对的是情窦初开的职业高中学生,学生信任她,原因之一就是她保持了一颗花季少男少女的心。她不像多数"大人"一样,一听男生要送花给女生就紧张、生气、制止甚至嘲笑。仅就校园歌手大奖赛上小亮和老师发生冲突一事,我们现在做一番假设:若是老师没有深入学生的内心,不明白小亮郁闷的前因后果,很可能对小亮劈头盖脸地来一顿训斥:"大家都兴高采烈地看比赛,你为什么不请假就拉着凳子回去?你还有没有一点集体观念?学生会干部制止你回去是他的职责,你怎么能动手打人?你打同学也就罢了,老师批评你几句,你竟无法无天地要和他'练练',你这样的学生以后哪个老师还敢教?……"如此质问是人人都会说的话,任何一个问题都能把小亮说得哑口无言。但这样的话说出来,无疑是在师生之间挖了一道鸿沟,学生会感觉雪上加霜,感觉满腔委屈无人理解,感觉全世界的人都面目可憎,他以后会变本加厉地与老师作对,与成年人唱反调。你说向东,他偏要往西;你说去天堂,他偏要下地狱……

但是,月儿老师不这样。从这个送花的故事我们可看出,月儿一直像小亮的朋友一样理解他、宽容他,尽管她也批评埋怨小亮不该花钱买不禁揉搓的娇嫩鲜花,但既然他买了,就支持他,甚至为他出主意怎么让鲜花水灵……这里的批评,让小亮感受到了关心;这里的埋怨,让小亮感受到了温暖。这样的老师,学生怎么会不喜欢?小丽是个非常自重的女孩子。在小亮倔强的时候,月儿也曾请小丽帮助她劝说小亮,效果很好。(他们当然没有谈什么恋爱,只是一种朦胧的好感罢了。其实,孩子的许多感情都非常美丽,远比我们成年人想象的纯洁、高贵)

随着岁月的流逝,教师不可避免地会和学生在年龄上拉开距离,但我们应努力使自己与学生的思想感情保持和谐一致。对此,陶行知先生还有一段十分感人的话:"您不可轻视小孩子的情感!他给您一块糖吃,是有汽车大王捐助一万万元的慷慨。他做了一个纸鸢飞不上去,是有齐柏林飞船造不成功一样的踌躇。他失手打破了一个泥娃娃,是有一个寡妇死了独生子那么悲哀。他没有打着他所讨厌的人,便好像罗斯福讨不着机会带兵去打德国一般怄气。他受了您盛怒之下的鞭挞,连在梦里也觉得有法国革命模样的恐怖。他写字没有得着双圈,仿佛总统落选了一样失意。他想你抱他一忽儿而您偏去抱了别的孩子,他就好比一个爱人被夺去一般伤心。"

小亮不吃午饭、借钱买了鲜花要送小丽,鲜花却被同学们屡次借走,最后甚至被陌生同学抱走,他会多么窝火?

因此,理解学生、保持童心不应该停留在语言层面,而应该像月儿老师那样,用自己的心去感受学生的心。这样的老师必然深受学生欢迎,这样的教育必然充满温馨。

## 策略9:巧用模仿
### ——陪学生做一只"蘑菇"

当一个人悲伤得难以自持的时候,也许,他不需要太多的劝解和安慰、训诫和指导,他需要的,只是能有一个人在他身边蹲下来,陪他做一只蘑菇。

我是一名河南教师。

河南是农民工输出的大省,班级里至少有二分之一的孩子是农民工子弟或来自单亲家庭。看到孩子们的重重问题、各样困难,我的心头总不免涌起阵阵酸楚、疼痛,感叹老师们对学生仅有真诚、善意、耐心、爱心、智慧……还远远不够,还要能巧妙地运用心理学中的"自我开放""共情"等技巧,借助"模仿法",陪学生做一只"蘑菇"。

让我们温习一下《蘑菇》的故事梗概:

有一个精神病人,以为自己是一只蘑菇,每天都撑着一把伞,蹲在房间的墙角里,不吃不喝也不动,无论别人怎么劝说都没用。

有一天，心理医生也撑了一把伞，蹲在了病人旁边。病人感到很奇怪，问："你是谁呀？"医生回答："我也是一只蘑菇呀。"病人点点头，继续做他的蘑菇。

过了一会儿，医生站了起来，在房间里走来走去。病人问："你不是蘑菇吗？怎么可以走来走去？"医生回答："蘑菇当然也可以走来走去啦！"病人觉得有道理，也站起来走走。

过了一会儿，医生拿出一个汉堡开始吃。病人又问："咦，你不是蘑菇吗？怎么可以吃东西呢？"医生理直气壮地回答："蘑菇当然也可以吃东西呀！"病人觉得很对，于是也开始吃东西。

几个星期以后，这个精神病人就能像正常人一样生活了，虽然他依然认为自己是一只蘑菇……

可见，一个人可以带着过去的创伤继续生活，只要他把悲伤放在内心的一个圈圈里，不要让痛苦浸染了他的整个生命，他就可以像正常人一样快乐地生活。农民工子弟进城读书，与城里学生相比，生活清贫、学习基础差、行为习惯不好，父母辛苦、劳累，没有时间和自己沟通交流……这些孩子难免焦虑、自卑。但是，哪一个人在成长过程中不曾体验过焦虑、自卑的情绪呢？我们完全可以陪这些孩子做一只蘑菇——哪怕像心理医生一样站在更高的角度做善意的杜撰。只要孩子能有丰富的校园生活，能找到自己在其他方面的优势，不要让痛苦浸染了他的整个生命，他就可以像其他学生一样健康快乐地成长。当学生超越了自卑，甚至会比那些成长中一帆风顺的人更有作为。如今我们最需要做的是帮助学生扬长避短，别让他们的目光只盯住自己的不足和劣势。

现在将《蘑菇》的故事改编一下：对于一个进城农民工子弟或来自单亲家庭的孩子，我们闭口不谈他应该如何自信（如同心理医生闭口不谈那个精神病人不是蘑菇），却只说自己在成长过程中（甚至现在）曾有过的自卑（陪他们做一只蘑菇），然后再将自己积极、向上、乐观、进取的一面，用事实、行动展现出来（相当于做"能行动、可以吃东西的蘑菇"）。学生在这个时期的模仿能力是相当强的，他们受到感染后，会在接受自卑心理的同时，以老师为榜样，努力超越自己……当然，在适当的时候，还要告诉这些孩子："请不要封闭自己的心，请不要一个人承受那么多。你知道的，只要你想，只要你睁开眼，你从来都不是一个人。至少老师和你在一起。"

陪学生做一只蘑菇，其实有其深刻的理论依据，即心理咨询中的自我开放和共情。

"自我开放"又叫自我暴露、自我表露等，是老师把自己的情感、思想、经验等方面的信息告诉学生，让学生感觉到老师也曾和自己有类似的经历和情绪体验，这样能加强师生交流，加深师生情感，老师起到了榜样的作用。

《蘑菇》这个故事中的心理医生，说自己也是一只"蘑菇"，就相当于"自我开放"。当他以蘑菇的身份走动、吃汉堡的时候，就起到了榜样的作用。

关于心理学的"共情"，前文已经提到，指的是一种能深入他人主观世界，了解其感受的能力，在此不做赘述。我们需要明白的是：当一个人悲伤得难以自持的时候，也许，他不需要太多的劝解和安慰、训诫和指导，他需要的，只是能有一个人在他身边蹲下来，陪他做一只蘑菇。

让我们蹲下来，做一只蘑菇，陪伴这些孩子，体味他们的忐忑，分担他们的不快，做兄长、做姐姐、做朋友、做长辈……都行，当他们的世界下雨时，只需单纯地为他们撑起一把伞。

## 策略10：师生飞鸿
### ——让良言不再苦口

学生分明在质疑我的观点，我分明在反驳学生的看法，但整个交流过程中没有丝毫烟火味儿。其中原因有三：第一，书面交流显得很正规，让学生感觉自己在老师心中分量很重。每个青春期的孩子都渴望被重视，这种被重视的愿望一旦被满足，会激发起他们的向上、向善之心。第二，信中的每一句话都是经过斟酌的，不容易与学生发生正面冲突。第三，书信中的观点可以让学生反复琢磨、思索，他们会收获更多。

从1997年当班主任至今，我由学生的"迪姐姐"，成长为"迪阿姨"，甚至"迪妈妈"。这十几年来，我见证着学生的成长，学生也见证着我的成长。而见证我们共同成长的最好方式，除了班级日记，就是师生飞鸿——我们的书信往来。

写信是我与学生沟通最常用的方式之一。因为很多观点用口头语言表达出来不容易被学生接受，有时受场景的感染甚至会激起他们的逆反心理。而娓娓道来的书信却能让学生充分感受到我们的真诚、善意，并能促使他们反复琢磨、细细斟酌。

学生总是把我的信当成老师送给他们的最珍贵的礼物保存起来。

电视剧《亮剑》热播时，很多男生把粗俗、骂娘、侃大山、痞子气当成了男子汉的标志。于是，我连续写了几封信和学生谈"男人味儿是什么味儿"。比如，寒冬腊月，有个别男生早上不起床，不跑早操，我就给他们写信说：

有男人味儿的男人应当是爽朗豪放的男人，爽朗中不失缜密，豪放中不失柔情……有男人味儿的男人必定是体形健美、精气神十足的男人。威猛中不失儒雅，他们不会连夜上网不睡觉，让自己面带菜色；不会早上睡懒觉不锻炼，长一身肥膘；更不会劳烦班主任——而且是女班主任啊——跑到寝室里大呼小叫地催促自己起床。因为他知道学习是自己的事，锻炼是自己的事，成为一个有味儿的男人，更是自己的事……

有个男生失恋后沮丧不已，觉得没面子，我就写信告诉他：

我必须承认，面子问题一向是我们中国人最大的问题，但是最关键的问题是：就算你现在夜不能寐、食不甘味、荒废青春、耽误学业……你的面子就能回来吗？不能……

这样的肺腑之言，学生总是很乐意接受。

当然，更多的时候，我是给女生写信。因为女生情感更丰富、更细腻，更需要理性的引导、悉心的呵护。比如，看到女生涂脂抹粉、穿奇装异服，我会写信和她们谈化妆和衣着品位，谈如何清清爽爽地做女人，谈如何呵护自己花儿一般的身体；有的女生喜欢自称"女汉子"，我会写信告诉她们"女人味儿是什么味儿"，让她们明白，无论将来做家庭主妇，还是白领丽人，都不可缺少女人应有的温柔、贤惠、细致、体贴……而这美好的素质不是凭空得来的，需要从现在开始，一点一滴、朝夕努力养成：你不能在公众场合大喊大叫，更不能打架骂人、口出脏言；你不但要把自己收拾得干净清爽，还要将教室和宿舍整理得纤尘不染。女人味儿其实是一种神韵……

抽查发现女生寝室的卫生不合格，我批评她们，她们不服气，还问我"为什么下午去检查寝室？下午学校不检查，大家当然不用收拾床铺"。于是我给她们写信，强调女人要美丽给自己看，开花给自己看：

我不明白，难道我们叠被子是为了给别人看的？难道仅仅因为没有人欣赏，青草就可以不绿、鲜花就可以不开？原野里的鲜花有几朵能有幸被人欣赏到？但是它们从来不因为没有人看，就不争芳吐艳……

青春期的孩子感情敏感而细腻，他们在内心深处渴望依靠自身力量去发现问题、解决问题。这样的师生飞鸿既能保留学生的面子，又能给他们启发，让他们体验到成长的愉悦。

我给学生写信不讲太多的大道理，讲好只是生活中、学习中她们遇到的小事情、小问题，或者我自己外出看到的社会现象，用他们能接受的语气，和他们分析、探讨，提供新的思路。

比如，有一次我出差学习，在火车上遇到三个老人早上五点就开始大声说话、谈笑、吃东西，卧铺车厢里的其他人由提醒、劝说、阻止，直到异口同声地谴责，他们才停了下来……

等老人们下车后，我打开电脑写信，在信中描述了整个故事，最后说：

老人们显然是感觉自己被限制自由了，不让说话，不让嗑瓜子，甚至不让动塑料袋……老人们也许感觉整个车厢里的人都在和他们过不去。他们活了这么久，也许从来没有像今天一样感到挫败……而且，如果老人们不改变自己的思想，只怕每次坐火车都会受到批评、指责。因为他们不清楚，活在这个讲究秩序的社会里，你的自由不能影响多数人的自由，你的权利不能侵犯多数人的权利。如果有一天，同学们在某种环境里感到处处受限制，一定要反思一下，是不是自己在行使权利的时候，影响到了别人行使权利的自由？比如你上课说话，引起了老师的批评、同学们的侧目，你感到很委屈。其实，那是你自己说话的自由侵犯了别人听课的自由；比如夜里大家都在睡觉，你却在哗啦哗啦地洗衣服，引起了同学们的不满，你也许感到沮丧。但那是你洗衣服的权利影响到了寝室里多数人睡觉的权利。请记住，人最大的自由是遵守规则，遵守纪律；人最大的个性是包容别人的个性；你若要更好地行使自己的权利，就不要侵犯别人的权利。在遵守多数人制定的规则的前提下，你才是最自由、最快乐的。

老人们的故事还在继续。

天亮了，车厢里的乘客陆陆续续地起床、洗漱。我们卧铺包间中间的桌子上满满地堆放着两位老人的食品，走廊上的小桌子上满满地堆放着瓜子皮、方便面盒子、苹果皮等由两位老人制造的垃圾。洗漱后，我和对面上铺的女士坐在走廊上的小桌子旁，打算清理一下小桌子上的垃圾再梳妆，却见老太太将吃剩下的鸡骨头随手就丢在我们的桌子上。她显然没有想到，这两张桌子是大家共用的，垃圾应该丢到垃圾桶里。这便使周围的人产生了更多的不满情绪。

我该怎么提醒她呢？再不提醒，估计又要有人抗议了。老人会感到更委屈的。

我悄悄地收起自己准备盛垃圾的塑料袋？很温和地说吧："老人家，您有没有多余的塑料袋？让我把这些垃圾收起来吧。"老人没有多想，拿了一个塑料袋给我，眼睁睁地看着我将他们吐出来的垃圾收进塑料袋、丢到垃圾桶里，又擦干净桌子。我想，就算这次老人没有意识到自己的做法多么欠妥，下次坐火车肯定也会知道的。

而我周围的人，已经开始纷纷和我打招呼了。甚至在下车的时候，我们还互留了联系方式。

我很开心，因为我做了件好事，赢得了周围人的赞许。

同学们，你们也想获得周围人的赞许吗？那就不要过多地计较谁是谁非，用自己的行动去引导做出不恰当行为的人感悟、进步，这就是我平时所说的传递正能量，净化社会环境。当别人感谢你、赞美你时，你自然会开心。所以，做一个幸福的人，其实并不难……

回到学校，我就把这封信送给学生。有学生在周记中对我说：

老师，您的这封信说得很好！可是，并不是所有的好心都能得到善意的回报。有时，您的热心或许会招来埋怨，尤其是被那些自私自利的人埋怨……

我的答复是：

好心何必非要回报？何况，在火车上我只是按照自己的意愿去做事而已。只要自我评价机制完善，只要心中清楚自己在做什么，那么回报无论是感激还是埋怨，我们都可以淡然处之、坦然处之。

这个学生看了我的批语，又写道：

可是，如果您的好心被别人当成驴肝肺，那么您还怎么去帮助他？值得吗？为了一个自私自利的人，我总感觉自己是多管闲事……

我回复说：

我在学习心理咨询课程的时候，接受过一种观点：帮助求助者自己成长。也就是说，对于身边的熟人或陌生人（学生除外，因为我们是教师，有帮助学生的责任），他们向我们求助后，我们才可以帮助他们，而且是帮助他们自己成长；倘若他们根本没有向我们求助，我们尽量就不要多管闲事，免得被误会、埋怨，以免我们的好心帮助对他们造成不必要的伤害。有时我们的好心帮助会让他人感觉我们在侵犯其隐私。

在火车上我曾提醒老人不要影响大家休息，这其实不是在帮老人，而是在争取我自己和多数人的权利；我替老人收垃圾，也可以说不是在帮老人，而是为了让我自己眼前清净、环境干净。我不需要任何人感谢，因为这一切都是为了我自己的心。至于老人是怎么想的，那就是他们自己的事了。总之，我做了自己认为正确的事，当然坦然、淡然、欣然。

不知我是否表达清楚了自己的观点。

这个学生最后写道：

嗯，老师说得很对。只是，我还是觉得：对于那种自私自利、怎么说都不改的人，我真的一句话都不愿意再跟他说……

我的回答：

不想说，那就不要说，因为人家可能也不需要我们的帮助或说教。你只要做好自己应该做的事就行了。无论我建议老人安静，还是替他们收垃圾，都因为我认为这是我自己应该做的。我应该为自己争取安静睡觉的权利，我应该给老人示范怎么处理垃圾。至于他们是否能感悟到,那就要看他们自己的悟性了。倘若他们感悟不到,估计以后还会碰壁。他们碰壁的次数多了,就会知道怎么在这个秩序社会生存。总之,让我们接纳这个不完美的社会,并用自己微薄的力量让社会越来越完美……

学生分明在质疑我的观点,我分明在反驳学生的看法,但整个交流过程中没有丝毫烟火味儿。其中原因有三:第一,书面交流显得很正规,让学生感觉自己在老师心中分量很重。每个青春期的孩子都渴望被重视,这种被重视的愿望一旦被满足,会激发起他们的向上、向善之心。第二,信中的每一句话都是经过斟酌的,不容易与学生发生正面冲突。第三,书信中的观点可以让学生反复琢磨、思索,他们会收获更多。

## 策略11:传递真诚
——一味隐忍并非美德

我们与学生交往讲究平等、尊重、有亲和力,但学生因搞不清楚我们"亲和"的尺度,常出现我们认为过分的言行。我们默默忍受了,却在心里备感委屈、无助,甚至影响到教学质量……所以,忍,不一定都是美德。忍耐别人的时候,脸色通常很难看,久而久之,就会损害师生关系。

那一天的班会课,我和学生一起探讨"多年师生成朋友"的利与弊。

俊娇率先站起来:"师生成为朋友,有利也有弊。利的一面是师生没有隔阂,我们有了烦恼可以找您倾诉;弊的一面是大家都摸准了您的脾气,违反了纪律也能猜测到会受到什么惩罚。"

韩悦说:"也正因为摸准了您的脾气,大家学会了察言观色,便能猜测到对什么事情您会有什么反应,这样大家更容易酌情违反纪律。"

我点头感谢她们："'多年师生成朋友'，这是说师生相处日久生情，如朋友一般平等、亲切。这一向是我渴慕的境界。每每和你们在一起谈笑风生，我都自作多情地以为自己已经追求到最高境界了，我从不感觉师生成为朋友是什么坏事，甚至认为这是老师有亲和力的标志。但昨天的经历让我担忧起来。"

我的话引起了学生的注意，于是我说："咱们学校规定，没有班主任签字，住校生不准随便外出，这也是为大家的安全着想。可是，昨天傍晚，咱们班的三名同学在我推自行车出门的时候，不顾我的强烈反对，不顾门卫的奋力阻拦，撒娇耍赖，就那样拉着我的自行车跟出了校门。"

教室里响起一片私语声："谁啊？竟然拉着老师的自行车强行出门！太过分了吧！"

我一脸正色地回答："是谁并不重要，重要的是如果我今天不在教室里谈论关于师生成朋友的话题，以后会有更多同学效仿她们。当时在校门口等着出去的，还有外班的五六个同学，竟也浑水摸鱼跟着跑了出去。"

教室里一片寂静。

"看着你们冲出校门后的一脸得意，我感觉悲凉而且愤懑。"我的语气激动起来，"为什么？你们为什么要这样？你们可曾把我这个班主任放在眼里？就这样不顾校规校纪吗？从什么时候开始，我在你们心目中的地位竟低得可以忽略不计了？不顾我的阻拦一拥而出，你们好大的胆子！学校领导看见了，我做何解释？我又如何面对门卫？我不知道！我真的不知道！！外班也有这样的情况吗？当着班主任的面学生都可以一拥而出；班主任若不在场，学生该怎样放肆？这就是我所追求的朋友般的师生关系吗？这就是我引以为荣的'活泼有度'的学生吗？"

学生震惊了！她们没有想到我会有如此激烈的反应，只呆呆地看着我。

我却将话锋一转，问："你们看过电影《鹿鼎记》吗？可还记得里面的韦小宝？"

学生点头:"看过!"

"皇帝和韦小宝小时候因打架而相识,当小宝一脸得意地说皇帝和自己是朋友的时候,一旁的海公公只冷冷地说了一句:'和皇帝是朋友?皇帝并不是每时每刻都是你的朋友。'是的!在打架的时候,小宝和皇帝可以是朋友,上朝的时候,小宝还能无法无天地和皇帝耍赖吗?"

学生摇头:"不能!"

"不但小宝和皇帝不可能每时每刻都是朋友,我和你们也不是每时每刻都是朋友。别说我虚伪,这是事实。在课外活动时,课间在操场上跳舞时,在你们生病苦恼有心事时,我都可以做你们的朋友。但在我要求你们遵守校规的时候,在我阻止你们出校门的时候,还希望你们不要把朋友间耍赖的手段用在老师身上。无论我们的师生关系多么密切,老师都是学校纪律的维护者,如果你想违反纪律,老师必然要阻拦。我以前教过的一个学生小静,如今已有了自家开的公司,她的先生就是公司的老板。前一段时间他们一起来看我,小静的先生抱怨:'静的脾气不好,有时候我在公司开会,她对一些决定不满,便当着别人的面找我大吵大闹。全不顾忌我的感受。'我知道后劝小静:'无论你们在家里谁当家,在公司里,都不要忘记自己的身份。他是老板,你是员工,员工不能对老板无理。'"

学生听得入迷,我继续娓娓道来:"昨天回家的路上,我真想找一个没人的地方大哭一场。这实在是我教育的失败啊!你们不能时时把我当朋友,这不是老师不讲平等,而是由我们的身份、任务不同造成的事实!"

看学生的眼光,我知道她们听进去了。

果然,伊梦主动站起来:"老师,我在学校广播站当站长,广播站也有二十多个同学经常把工作上的事情和私人感情掺和在一起,真的让人很难受。老师愿意当我们的朋友,我们自然高兴,但如果因此就把老师的话当耳边风,就太过分了!"

秋丽也站起来:"身为团干部,有时我在门口站岗,咱们班总有同学想让我把她们放出去。我好为难：不放吧，朋友面子上过不去；放吧，又违反了纪律，门卫还会对我有意见。"

我点头："我早就听门卫师傅说秋丽有时候会私自放咱们班的同学出校门，你们这样让秋丽多么为难！同理，昨天你们拉着我的自行车强行出校门，校长知道了会怎么评价我？你们就是这么对待我这个老师朋友的吗？"说着，我的眼圈忽然红了。许多学生也说："我真没想到咱们班的同学会做出这样的事情！"

……

晚上，几个违纪的学生就来找我道歉了："老师，今天您在讲台上一说，我感觉我们做的事情太不可思议了。昨天我们真是糊涂，您千万别生气！我们以后再也不敢了！"

其实，那阵子我已觉察到班里有些学生做事没有分寸，正苦于找不到切入口，她们昨天的行径倒给了我一个难得的教育契机。现在再来分析整件事情的处理：如果我当时大发雷霆让几个学生回去，她们在大庭广众之下丢了面子必然不高兴，说不定会和我顶撞起来。对花季少女来说，面子问题可是个大问题。而且，昨天发过脾气后，今天我就不便再翻旧账，其他学生便不能深入讨论、有所感悟，岂不是白白浪费了教育资源？

因此，在师生角色失调后，适当的隐忍是必要的，也是必需的，但一味隐忍并非美德。因为学生不知道我们忍的度。在外人面前给学生留足面子后，一定要坦言我们的内心感受。

前段时间我曾看过一篇文章，题目是"我有没有欠你五元钱"，讲一个台北名人有一次坐出租车，到达目的地付款后，她以为司机应该找还她五元钱，而事实上是她还欠司机五元钱。她在下车后才想起来，赶紧把五元钱再递给司机。司机冷冷地说："哼，亏你想到了，不然我还以为，连你这样一个名人也想贪我五块钱的小便宜！"虽然误会化解了，但这个名人的心里老大不舒服，她说："他为什么不直接告诉我，我少给了他五元钱呢？"在日常生活中微不足道的五元钱,在这里给了我们一个启示:是不是有些时候,我们像那个司机一样,无声地忍耐着某个人(比如学生)的作为,而事实上,我们的沉默反而误导了那个无辜的人,他根本不知道哪里得罪了你——学生毕竟是学生,他们不知道如何把握与老师相处的度——我们心里为此不舒服,他的名誉也因此而受损。

很多类似这种"五块钱"的问题,影响了师生情谊。我们与学生交往讲究平等、尊重、有亲和力,但学生因搞不清楚我们"亲和"的尺度,常出现我们认为过分的言行。我们默默忍受了,却在心里备感委屈、无助,甚至影响到教学质量……所以,忍,不一定都是美德。忍耐别人的时候,脸色通常很难看,久而久之,就会损害师生关系。

这段时间总有年轻教师问我该如何把握和学生交往的度,我当时就想问:学生有没有欠你五元钱?如果有,那么你有没有直接告诉他?

从社会心理学角度讲,"为人师"是我们的社会角色,但并不是每个人每个时候都能清楚并且扮演好自己的社会角色。人们在扮演的过程中往往会产生矛盾、障碍,甚至遭遇失败,这就是角色失调。比如,老师既需要做权威者,又需要做学生的朋友。这两种角色有时难以协调,就形成了角色之间的冲突。这时最有效的方法,莫过于敞开心扉与学生真诚地交流,坦言我们的真实感受,指出学生正确的做法等。相信学生能体会到老师的善心、苦心。

反之,一味地隐忍无疑是对学生不妥行为的纵容。

注意:真诚应当实事求是,但真诚不是自我发泄。

有一次,我痛斥一个女生频频违纪,她深感受伤,事后给我写了一封信:"我认为一个优秀的教师就应该像妈妈一样关心学生。在我的心里,您是个优秀教师。可是您这样的妈妈让我害怕,您今天那么声色俱厉地批评我……"

我把这个女生叫到办公室里说:"在生活中我自然要给你妈妈一样的关心。但是,请你记住,学校不是家庭,老师永远都不可能成为你的妈妈。学校要替社会培养人才,单位不需要任性、刁蛮、迟到的员工,学校和老师就不能容许你屡屡违纪。我关心的是你整个人，而批评的只是你的缺点……"

如此的一番真诚表白，让学生反思了自己的错误，她心服口服。

曾有一位年轻女教师向我求助，说学生有时会半真半假地挑逗她，这让她既头疼又尴尬。这可能是学生对自己和老师的角色认识不清（这是角色失调的另一种方式），这时，最有效的方法依然是平等、尊重、以诚相待。

但是，我在这里要强调的是：真诚不等于实话实说。

顽皮淘气的学生总是想挑战秩序社会和成人。很多时候，实话实说会让学生下不来台。比如，几年前我在一个纯男生班上课。当我在黑板上板书的时候，忽然一个男生大声地笑说："老师，他说他喜欢你。"——语气中的"喜欢"明显超出了师生喜欢的范畴。我才不要假装没听见而隐忍！我马上转过身来，惊喜地说："是吗，孩子？老师也喜欢你。"

一句"孩子"，就提醒了学生彼此的身份。教室里所有的人都释然了——虽然那时候，我比学生大不了几岁，但事实上我就是他们的长辈。

有一次，我在晚上十点多收到一条没有署名的手机短信："老师，我可以约你吗？"看着这条短信，我的脑子飞快地转着：这不是我们班男生发的——他们的手机号我都知道。那么，这是谁发来的呢？为什么发这样的短信？可能是男生在一起游戏打赌，看谁敢不敢冒犯老师，也可能是这个男生的恶作剧，或者是真的懵懂……

无论如何，我正颜厉色不合适，假装没看见也显得小气，便回复说："好啊孩子，我们班任何一个同学随时都可以约我的。"

一句真诚而并非实话实说的话发过去，类似的短信就再也没有出现过。

因此，在与学生交往中遇到角色失调，我们没必要一味隐忍，而应该想方设法让学生明白：师生在学校各自扮演着不同的角色，整个社会对老师和学生的行为方式都有所期待，偏离这个期待，就会遭到异议或反对（此乃角色期待），因此我们要明白什么该做、什么不该做（此乃角色领悟），然后不断调整自己的行为，塑造自己（此乃角色实践）。

打造中职卓越班级的41个策略

## 策略12：既要多情、浪漫，又要淡定、从容

拥有一颗多情、浪漫、从容、淡定的心，教育自然有声有色，生活当然写满诗意——这就是一个卓越班主任的教育生活，充满挑战，却不乏甜蜜；忙忙碌碌，却情趣盎然。

有一次，我在山东省菏泽市给一千余名一线班主任讲自己的带班故事。讲座结束后，一个老师走上台说："在我听过的讲座里，我感觉您的带班故事最浪漫、最诗意，能给人无尽的美感……"

我不禁莞尔。这个老师说得一点也不错，当班主任这么多年，可以说多情、浪漫构成了我带班的基本特点，同时我的班级也并不缺少淡定和从容的色彩。

先说说多情在老师与学生交往中的作用。

学生在排练儿童情景剧《小熊过生日》，打算参加学校的技能竞赛。

故事讲的是小兔子、小鸡、小猪都去参加小熊的生日宴会，小狐狸也想去。但是，因为小狐狸平时好吃懒做，大家都拒绝和她玩。当小狐狸敲开小熊家的门，迎接她的不是蛋糕和糖果，而是森林里的小动物们的石头和砖块……

情景剧在小狐狸的惨叫声中结束了。

看着学生兴致勃勃地排练，我心头涌起百般滋味，只是叹息说："小狐狸好可怜！她那么真诚地去祝小熊生日快乐，得来的却是劈头盖脸的石头和砖块……"

有学生偷偷地答："谁让她爱慕虚荣、好吃懒做？！"

我点头："所以我们不能像小狐狸一样好吃懒做。不过，小狐狸虽然有毛病，却也有上进的心。同学们说，小狐狸的上进心表现在哪些方面？"

学生答："她想参加小熊的生日宴会。"

我说:"对,她想参加集体活动,她渴望友情。所以,她是一个有毛病的好孩子。现在森林里的小动物们都排斥她,她会进步吗?"

"她不会进步,只会伤心。"

"还有呢?"

"她会故意在森林里捣乱的。"

我忙问:"如果她是我们班的学生,我们应该怎么做?"

学生思索着:"应该帮助她,接纳她,尤其是要在她要求上进、渴望回归集体怀抱的时候鼓励她……"

我说:"好,我们来改编一下情景剧的结尾……"

很多"问题学生"都是有毛病的好孩子,宽容他们、接纳他们,有利于他们进步,而冷漠、排斥只会让这些孩子离我们越来越远,这不是教育的本意。但是宽容、接纳,说起来容易,做起来很难,需要我们在学生的活动中去敏感地捕捉、多情地感受。

我曾经写过很多关于梦的文章。在这些浪漫的文字中,我常常游离于眼前的生活之外,甚至会想象自己是古代某才子或才女。比如拙作《我用目光温热一株冰树》,文章里的我是一个古代花农的女儿,冬去春来,万木发芽,但是,原野里有一株黑乎乎的冰树浑然不知。一天、两天,一年、两年……冰树一直结着厚厚的冰,似乎在沉睡,或者已昏厥,它对春露秋霜、寒来暑往漠不关心。我在纳闷的同时不禁心疼,猜测它何以如此失去了感知热的能力。是因为心灰意冷吗?是因为受伤太深吗?是因为父母离异吗?还是因为……无论怎样,我决心关注它,我必须温暖它。每天、每夜、每时、每刻,我用最动人的目光关注它、心疼它……终于,冰树融化了,发芽了。它没有开花。它本不是会开花的树,但它长了一树红叶,娇艳欲滴,比鲜花更美丽……我是在用目光温热一株冰树啊!写着写着,我流泪了,我想到了自己的工作。冰树,不就是我的个性张扬、桀骜不驯、调皮捣蛋、问题重重、身上有无尽故事的学生吗？我要用目光温热它，不就是多情吗？

再说浪漫。且看以下日记：

初秋的夜。

凉风习习，月色溶溶，花香阵阵。

教室里，学生在用最轻柔的声音吟唱《云水禅心》，我在弹琴伴奏（我是一名音乐老师）。悠扬的歌声和琴声与夜色浑然一体："空山鸟语兮，人与白云栖。潺潺清泉濯我心，潭深鱼儿戏……"那一瞬间，我与学生一起感受到了闲云悠悠、碧水潺潺。唱不完的诗情画意，道不尽的浪漫逍遥。

《云水禅心》是一首佛乐。曲子沁透心扉的淡雅之美，让人浸润于一片悠然禅意中。

一曲歌罢，我与学生似乎穿越时空，远离红尘、喧嚣，来到一个"人闲桂花落，夜静春山空"的地方。

品味、沉思良久。

最后我开玩笑说："接受了这样纯美音乐的学生，怎么可能做那些粗俗不堪、满口脏话的事？怎么可能不保持环境的清洁美丽？"

学生们会心地笑了……

就这般曼妙、空灵，我常常借用音乐的魅力净化学生的心灵，效果极佳。

作为一个卓越的中职班主任，仅有多情和浪漫还不够。接下来我们谈谈淡定。

随着班主任工作年头的增加，我开始对一些教育问题进行思索，常常把自己关在一间僻静的小屋子里阅读、写作，我的心境也变得越来越淡定。

在现实生活中，我们经常看到这样的情景：面对学生的顽皮、淘气、蛮不讲理，做班主任的往往火冒三丈、气急败坏。殊不知，学生正是在这样一次次的犯错中体会着成长的疼痛。班主任的任务就是陪伴孩子成长。对此，我的态度一向是"物来则应，过去不留"——事情来临了，就接受它，无论是好事还是坏事，都保持从容淡定；事情过去后，则"应似飞鸿踏雪泥"，不去想太多。

请看我的日记：

我知道自己应该勃然大怒的——

下午预备铃响后，小明迟到了，一看见我在教室里站着，他马上蹲在地上，偷偷地向自己的座位上挪，眼睛还向我瞟——他以为我看不见他呢！看着他那淘气样儿，本该勃然大怒的我忍不住"扑哧"一声笑了。小明马上站起来，很不好意思地站在我面前说："对不起，老师，我以后尽量不迟到了……"

能在笑声中解决的问题，我们又何必气急败坏地去解决呢？

最后说说一个卓越的班主任应有的从容。

我本是个感性的人，随着年龄的增加、阅历的丰富，特别是在长年的阅读与写作中，我渐渐学会了从容地分析与思考——

小鹏喝醉了，泪流满面、情绪激动，扬言要找小涛打架。

我忙找小鹏谈心。

原来，小鹏从入学开始就喜欢媛媛，但是媛媛不喜欢他，无论小鹏如何追求，媛媛都不答应和他谈朋友，却在无意中说："我感觉同桌小涛都比小鹏好。"小鹏因此又伤心又气恼，跑到校外喝酒，并扬言要和小涛"练练拳脚"——因为小涛在惊喜之余说要追媛媛。

小鹏在我面前哭着说："我追求媛媛那么长时间，我对她那么好，她竟然不答应我……"

我忙对他表示理解（这是"共情"），又说："小鹏，你已经长大了，老师希望你记住这句话：你爱谁，你恨谁，是你的事情，和人家无关；谁爱你，谁恨你，是他（她）的事情，和你无关。现在，你爱媛媛，这只是你的事情，人家接受不接受你的爱,却是她的事情,你怎么能要求她必须爱你呢?你这不是不讲理吗?"

小鹏愣住了。良久,小鹏点头,忽又哭诉说:"但是,小涛是我的好哥们儿啊!他怎么能追求媛媛呢?他知道我喜欢媛媛的。"

我又点头,接着帮他分析:"你追求媛媛,她没答应你,是不是?"

"是"。

"这就是说,这个世界上所有未婚的男子,都可以向媛媛表达好感。"

小鹏点头。

我继续启发他:"在这所有的男子里,就包括你的哥们儿小涛,是吗?"

小鹏点头,良久,他说:"是的,老师,我不该怨恨小涛……"

战争就这样在理性分析中结束了。媛媛和小涛后来也没有谈朋友,如今他们三个人依然和睦相处。

拥有一颗多情、浪漫、从容、淡定的心,教育自然有声有色,生活当然写满诗意——这就是一个卓越班主任的教育生活,充满挑战,却不乏甜蜜;忙忙碌碌,却情趣盎然。

## 策略13:成长根基
### ——知止而后有定

《大学》里的"定、静、安、虑、得",与佛学的"戒定慧"、道家的"清静为天下正"何其相似?可见世间伟大的理论都是相通的。

《大学》开篇有言:大学之道,在明明德,在亲民,在止于至善。知止而后有定,定而后能静,静而后能安,安而后有虑,虑而后能得。物有本末,事有终始,则近道矣。

对此，我深有体会。

初为人师时，我任教的学校是一所初中，那时的我尚不知自己要成为什么样的人，不明白自己应该做什么样的事。每每看到桀骜不驯、问题重重的学生，每每组织着乱糟糟的课堂，我都有怀才不遇之感，常常顾影自怜，深叹自己的天分比学生高，自己的学习习惯比他们好，为什么要让我燃烧自己去照亮他们？因此我颇愤懑，纵使被学生口口声声唤作"老师"，到底意难平！这便导致我的生活里充满凄风冷雨，心情可以用"一地鸡毛"来形容。直到有一天，我忽然明白，自己不可能成名成家，而发财、掌权也不是我的理想。做一个受学生欢迎的班主任，才是我唯一的选择，也是我最明智的选择。这等于是确定了人生目标，我的心也随之宁静。因为宁静，所以我能怀着淡然、喜悦的心去工作、学习、与学生交往；又因为心平气和的安宁，所以我能深入思考教育生活中遇到的种种问题；又因为拥有了思索的习惯，我便有了意料之中和意料之外的种种收获——学生喜欢、班级事务处理得得心应手、发表文章、出版著作等。这便是"虑而后能得"了。

事物发展的结果——成功也好，失败也罢，都是有因的。当我们明白了这个道理，并要求自己只种善因时，就必有善果。

我今天斗胆把《大学》的第一段按照自己的理解翻译一下。

"大学之道，在明明德，在亲民，在止于至善。"这句话应该是全篇的论点。我所理解的"大学之道"，应该是追求真正的大学问的"道"。这里的大学问，应该包括我们做人的学问，与人交往的学问，为官、为师、为农、经商等的学问……

"在明明德"，意思应该是："大学之道，在于明白什么才是真正高尚的品德，什么才是真正的快乐。这要求我们对所有人类甚至世间万物亲近、温厚、真诚、充满善意（即博爱），做一个正直善良、品格高尚、人格健全、身心健康、对人类发展有益、自己的生活充实而快乐的人。这是我们做人、做事的长远目标，也是我们的人生目标。"当我们知道了自己的人生目标——成为自己快乐并能为周围人带来快乐的人,心就能安定下来,不会茫茫然不知路在何方,更不会惶惶然难懂活着的意义。或者说:当我明白自己人生的目的其实是为了拥有一个充实、快乐、有益于社会和他人的人生,心便会安定下来,不会错把别人的羡慕当成自己的追求。在这个世界上,把别人的羡慕当成自己的追求的人,实在是太多了。比如,很多女人之所以喜欢穿貂皮大衣,可能喜欢的并不是那毛茸茸、显胖的感觉,而是喜欢它的价格,喜欢自己穿上后别人对自己的羡慕。同理,很多人喜欢开宝马车,也是因为喜欢宝马车给自己带来的别人的羡慕。这就是错把别人的羡慕、喜欢当成了自己的追求。一个真正明白自己活着的目的的人,其自我评价机制很高,他不会在意别人的眼光,却深深明白自己的需要。这样的人才是自己的主人。一个成为自己主人的人,心会安定下来,不会为外界的风雨所困扰、迷惑,就如苏轼所说"莫听穿林打叶声,何妨吟啸且徐行。竹杖芒鞋轻胜马,谁怕?一蓑烟雨任平生……",或者"云散月明谁点缀,天容海色本澄清"。如此,心变得宁静、安详,便能对从事的事业、学习或人生的真谛有更多感悟和思索。而我们所面对的困惑,也会因思索而迎刃而解。如此人生,便有很多收获。

万物都有本末,万事都有其发展、存在的因缘。知道了事物发展的本末因缘,就接近于"道"了。

现在再看《大学》里所说的人生目标,其实与心理学中艾利斯提出的"合理情绪疗法"原理相通。"合理情绪疗法"指的是:困扰我们情绪的,是不合理的观点。当我们把不合理的观点改变后,人也就快乐了。《大学》里第一句的观点也是,当我们知道了自己人生的终极目标是做一个与人为善、品格高尚、快乐的人,心就由定而静,由静而安,由安而虑,由虑而得了。

《大学》里的"定、静、安、虑、得",与佛学的"戒定慧"、道家的"清静为天下正"何其相似?可见世间伟大的理论都是相通的。

很久以前,我读小说《推拿》,非常羡慕小说里的那些盲人的爱情。因为他们看不见,所以不能今天呼啦一声跑到游乐场疯狂、明天再呼啦一声跑到电影院陶醉、后天再呼啦一声去坐过山车找刺激……他们谈恋爱的时候,常常静静地坐在一起,两个人手拉着手,一句话不说,只去体会相互厮守的那种宁静、甜蜜,感受来自爱人的温暖、关爱……

这就叫岁月静好吧!

这样的体会、感受,是需要宁静来成全的。而现代人忙忙碌碌,面对的诱惑太多,哪里有这样的宁静?除非他去修炼。

祸兮,福之所倚;福兮,祸之所伏。这句话说的就是这个道理吧!

因此,在本章最后一节,我要提出,成长为卓越中职班主任的根基,就在于知止而后有定。

# 第二章 培养卓越班干部的4个策略

一粒种子，把它放到地毯上、桌子上，它不会成长，因为地毯、桌面都不是它成长的必然环境。它的成长环境是土地、阳光、水分，还有适宜的温度和通风。

一个学生，一直让他（她）处在沉默的中间层，他（她）就不会拥有班干部的能力。因为班干部的成长环境是爱、尊重、欣赏，还有锻炼的机会和平台。

那么，如何让每个学生都接受锻炼，同时又让班级稳步成长呢？如何在成全每个学生卓越的同时，又让班级更加卓越呢？

## 引子：人人都是班干部
### ——培养卓越班干部的理念

人人都是班干部，每个学生都从不同侧面和领域参与班级管理，能强化学生自我管理的意识，突出了学生的自主性，也丰富了他们的成长经历和生活经验，为他们将来走上工作岗位遵守公司纪律、与同事合作等奠定了坚实的基础。

和普通高中生有所区别的是，中职生不仅需要一般意义上的素质的全面提升,更需要专业实践能力、创新能力与合作能力的提高。因此,建立自我管理、自我发展、自我教育的高素质班级工作队伍,让每个学生都尝试当班干部的滋味,无论对学生成长还是对班级管理都有很积极的意义。人人都是班干部,每个学生都从不同侧面和领域参与班级管理,能强化学生自我管理的意识,突出了学生的自主性,也丰富了他们的成长经历和生活经验,为他们将来走上工作岗位遵守公司纪律、与同事合作等奠定了坚实的基础。

但是,让班级里人人都尝试去当班干部是有一定技巧的,甚至要冒一定的风险。

这几年,我在带班培养学生当班干部方面,会分三步走:

第一步,在新生入学后,因为师生彼此不甚了解,我便利用问卷调查、实地观察等方法,对学生"视其所以,观其所由,察其所安",指定几个主要班干部,暂时负责班级事务,先尽可能地将班级顺利带上正途。

第二步,"国庆"放假后,因为学生彼此已经有了一定了解,这时来一次民主选举,选那些品学兼优、乐于为班级服务的学生担任班干部,保证班级顺利成长。

第三步,第一学期结束后,班级常规管理步入正轨,才实施"班长轮换制",让所有学生都有机会接受锻炼,让人人都是班干部。

## 策略14:视其所以
### ——班主任指定班干部

教材发下去后,讲台上留下小山般的包装纸。课间十分钟,亚丹竟然把包装纸整整齐齐地码放在教室后面,手法非常之娴熟,一望便知她心灵手巧、勤快热情。抬头看见我,她波澜不惊地说:"老师,这些废纸可以当废品卖。"看着她坚定的目光,听着她温和有礼的话语……又想到她腿上的疮尚未完全痊愈,我当时就感叹:这是一个不可多得的班干部苗子。

新生入学，班集体刚刚成立，百业待兴，学生互不了解，大家都小心翼翼地观望考察校规、校纪、班主任的脾气、新同学的个性等，班风尚未形成，班干部的威信也无从谈起。这时，我们需要做的是"选贤任能"，找品学兼优又有一定的组织能力、协调能力，愿意为班级服务的学生当班干部，尽早把班级带上正途。

此时班干部的产生方式是班主任"指定"，任期是从开学到"国庆节"放假后。

如何能选出理想的班干部呢？

子曰："视其所以，观其所由，察其所安，人焉廋哉？人焉廋哉？"意即："要了解一个人，应看他言行的动机，观察他所走的道路，考察他安心干什么。这样，这个人怎么能隐藏得了呢？这个人怎么能隐藏得了呢？"

孔子在这里告诉了我们答案：多留心，多观察，必然就能选出令我们满意的班干部。

我在新生入学第一天，一般会下发一份调查问卷。例如：

## 07幼（1）班问卷调查

姓名：_____

1. 谁给你起的名字？你喜欢这个名字吗？现在若让你自己起，你愿意起个什么名字？

2. 你家里有几个兄弟姐妹？你排行老几？

3. 在你的家人中（爷爷、奶奶、姥姥、姥爷、爸爸、妈妈），你跟谁长大？你最喜欢和谁在一起？说说理由。

4. 你最早的记忆是什么？你最得意的一件事是什么？你最苦恼的一件事是什么？

（注：以上四个问题有助于分析学生性格的形成。关于分析的理论，可借

鉴阿德勒的《生命对你意味着什么》《自卑与超越》等书籍。）

5. 你以前有过当班干部的经历吗？如果有，那么你认为当班干部给你留下的印象是什么？

6. 你认为你的优点（长处）有哪些？能举个具体的例子吗？

7. 在以前的求学生涯中，你最喜欢的老师是谁？说一下你为什么喜欢他（她）。

8. 你最喜欢哪个学科？为什么喜欢这个学科？你喜欢读什么类型的书籍？

9. 你喜欢和谁（同学）一起玩？这个同学有哪些长处？

（注：以上五个问题有助于了解学生的自我评价以及他们喜欢什么样的人。物以类聚，人以群分。通过学生喜欢的老师、同学，也可以了解到学生的性格特征。）

10. 平时你每天带的零花钱有多少？你希望家人给你多少零花钱？

11. 在初中，你有请假超过一周的时候吗？是由于生病还是别的原因？

12. 你每天早上几点起床？晚上几点休息？你有每天锻炼的习惯吗？

13. 你的业余时间是怎么安排的？

（注：以上四个问题有助于了解学生的生活、学习习惯和自制能力。）

14. 你觉得你将来从事什么行业最合适？

15. 你希望自己的班级成为什么样子？你希望班主任是什么样子的？

（注：最后两个问题是提醒学生思索怎样才能有个辉煌的前程。同时也提醒学生，要珍惜老师对自己的关爱，并理解老师对自己的严厉。）

通过问卷调查，对于一个学生是开朗乐观还是敏感柔弱，老师都会有一定的了解。在这里需要注意的是：有的学生回答这些问题非常认真，是动了一番脑子，有一定思索的。但也有一些学生对这些问题的回答非常简单，明显是敷衍了事。通过这些细微之处，我们当然明白第一种学生比较适合担任班干部。倘若这个学生的回答字迹工整、条理分明，口头语言表达能力好且一身正气，便可以成为生活委员的最佳人选。用相同的方法还可以选出班长、学习委员、纪律委员等班干部。

除了问卷调查，通过军训也可以看出学生的自制力。在一般情况下，行为习惯不好的学生，军训中的站姿、坐姿都不会太好，看起来吊儿郎当的；而那些军训标兵，一般都能严于律己。2007 年在我所带的新生班级里，有一个叫徐亚丹的女孩子向我请假，说要趁休息时间去看腿。一撩开她的裤管，我发现她的小腿上生了一个很大的疮。我埋怨她怎么不早说，像她这种情况可以不参加军训的。她笑道："没关系的。老师，我能坚持。我很想体会军训的滋味。"这样的孩子，怎能不让人心疼呢？

军训结束，学生进教室上课。教材发下去后，讲台上留下小山般的包装纸。课间十分钟，亚丹竟然把包装纸整整齐齐地码放在教室后面，手法非常之娴熟，一望便知她心灵手巧、勤快热情。抬头看见我，她波澜不惊地说："老师，这些废纸可以当废品卖。"看着她坚定的目光，听着她温和有礼的话语……又想到她腿上的疮尚未完全痊愈，我当时就感叹：这是一个不可多得的班干部苗子。

后来的事实果然表明，亚丹是我带班以来最优秀的生活委员之一。那时我们班教室后面的笤帚、垃圾桶总是摆放得整整齐齐的。因为亚丹本人就是一个细心且有条理的学生，她用行动影响了整个班级。

在开学后、上课前，也可以对学生的行为做进一步观察评价。

请看以下日记。

## 第 一 堂 课

2007 年 8 月 29 日　星期三　阴

今天是学生第一天进教室上课。

一早来到学校，离早会课还有十分钟时间。学生或者百无聊赖地在教室里闲谈,或者扶着栏杆向楼下张望,看见我,她们纷纷坐回座位。我一看,地面并无一人打扫,不禁暗自叹气。昨天我没有安排值日生,就是想观察大家的自觉性。没想到现在的学生果真眼里没活儿。教室的地面上倒没什么纸屑,教室外的走廊上却有很多落叶。有学生友好地朝我打招呼,我只是温和地点头,什么话也不说,拿起笤帚就到走廊上扫地。

我才扫了两下,一个很文静的女孩子就跑来夺我的笤帚。我并不推辞,却问:"你叫什么名字?"

她答:"小静。"

我马上又去拿笤帚,这次一下子站起来美玲、小晨、婷婷、小丽四个学生,她们殷勤地抢我的笤帚和簸箕。我依然不多说话,让孩子们干活,又转身端起了脸盆,朝教室的地面上洒水。这一次,班里再没有学生起身了,她们只是无动于衷地坐着,事不关己地看着,甚至我招呼她们把脚抬起来,也没有人想到该把脸盆从我手中接过去。

早会课开始了,我走上讲台,温和地说:"请刚才帮我打扫教室卫生的同学站起来。"

小静等五名学生莫名其妙地站了起来,我说:"今天,是咱们进教室的第一天,我就来了一次考试。遗憾的是,只有这五名同学通过了考试。"

班里的学生——包括小静等五名学生都一脸迷茫。我继续说:"假如,三年后,你们在座的五十名同学,都到一个单位应聘。我是这个单位的领导,但你们不认识我。当我走进来拿笤帚打扫卫生的时候,应聘考试其实就开始了。任何一个单位都不缺少在空调屋里坐着享受的人,而需要不怕苦、不怕累、眼里有活儿的员工。因此,那些跑来夺我笤帚的人,就是我要招聘的人。我不管你的学业多么优秀,你若没有吃苦耐劳的精神,我就不可能聘用你。"

我停顿了一下,语气更加真诚:"前几天,我接你们报到的时候,就有很多家长对我说:'我这孩子,别的毛病没有,就是太娇气了。在家里她连碗都没有替我洗过。'现在,我无意评论这些家长说此话的意图,我只想说,无论你以前怎样，如今来到咱们学校、咱们班，你必须学着打扫卫生、整理床铺。每天的值日生就那么几个人，你总不学着干活，让谁替你干活呢？毕业后走上工作岗位，你若不能每月为单位创造出两千元的财富，谁会给你发一千元的工资呢？今天通过考试的，只有站起来的这五名同学。以后这样的考试，随时都会有，我希望能通过考试的人越来越多。请同学们记住我昨天说的话：社会需要什么样的人才，我们就要成为什么样的人才。只会在教室里拿100分，生活中却什么也不会的是书呆子。这样的学生绝不是优秀学生。这，就是我为你们上的第一堂课，希望你们这一辈子都不要忘记……"

我的第一堂课不但让我心里清楚了哪些学生最具备当班干部的潜能，还鼓励学生"眼里有活儿""为班级服务"，为以后学生轮流当班干部埋下了伏笔。

在一般情况下，通过以上的问卷调查、实地观察等方法，对于班干部的人选老师就可以做到心中有数了。

## 策略15：民主选举，班主任适当点拨、拉票

子曰："我始于人也，听其言而信其行；我今于人也，听其言而观其行。"老师引导学生选举班干部，关键还在于引导学生"观其行"。

"国庆节"放假后，班集体成立已经一月有余，班级常规管理基本步入正轨，学生之间有了一定了解。老师在新生入学时指定的一部分班干部可能因为办事能力不强、工作方法欠缺或别的原因而引起同学的不满，也有一部分班干部因为认真负责，将由"指定"而转为正式班干部。

如何让指定的班干部"转正"？

答案只有一个：民主选举。

当然，在民主选举前，班主任可以适当做一些工作。比如前文《第一堂课》里，在某些学生主动帮我打扫卫生后，我在讲台上表扬了这些孩子，我还带领全班学生为这些孩子鼓掌。这样做除了培养学生的感恩之心（人家帮我们打扫了教室卫生，我们当然要表示感谢），还强化了学生为班级服务之心（学生每一次为班级服务都会被老师表扬，以后就会更加积极地为班级服务），最主要的是，我在大张旗鼓地为这些眼里有活儿、愿意为班级服务的学生拉票。她们被表扬的次数多了，同学们对她们的印象会更深刻，选举的时候自然会考虑她们。

事实上，这样的拉票行为随时都可能发生。

比如，有一次我在预备铃响前走进教室，学生都坐在自己的座位上，或看书，或写作业，或低声交谈，或发呆……我用眼睛、手势和最轻柔的声音示意学生向后看：只见亚丹正在教室后面默默地整理清洁工具。她做这些事时那么认真、自然，根本没有觉察到我们在看她。当她感觉到教室里一片寂静，抬头发现我们都在向后看时，才惊醒似的问："你们怎么了？我怎么了？"

我说："我们都在欣赏劳动中的亚丹多么美丽。"

学生纷纷笑着点头。

我问亚丹："今天是你值日吗？"

马上有学生回答："亚丹不是值日生，但是她每天都会和值日生一起早早地来到教室，指导同学们打扫卫生。"

我问："为什么需要亚丹指导大家打扫卫生啊？"

学生说："因为我们班的很多同学根本就不会打扫卫生。"

……

如上文所说，亚丹本是我开学初指定的班干部，后来在民主选举中，她自然而然就"转正"了。

我以上的做法是在暗里为优秀学生拉票。在正式选举的时候，老师还要明明白白地为优秀学生拉票。

子曰:"我始于人也,听其言而信其行;我今于人也,听其言而观其行。"

老师引导学生选举班干部,关键还在于引导学生"观其行"。有经验的班主任都知道,很多学生是善于演讲却不善于做事的。为了保证选举的公平、公正,投票之前,老师很有必要提醒学生真正优秀的班干部应具备什么素质。比如,选举前我一般要说这几句话:"若要一个班级团结奋进,同学们若想在这个班级里生活、学习愉快,就必须要有几个认真负责的班干部。当面一套、背后一套的班干部我们不要;只能管好自己而没有能力管理班级的同学,即使当上了班干部也会力不从心;只有待人公平、公正、真诚、热情、对班级事务热心的同学,才能担当起班干部的重任。我希望大家能认真考虑,用最慎重的态度投出你神圣的一票。"

班干部经选举产生后,必然会"几家欢乐几家愁",老师一定要做好安抚工作,安慰那些原先被指定为班干部后来却落选的学生,引导她们找出自身的毛病,并告诉她们以后依然有接受锻炼的机会。因为,我们以后会实行"班长轮换制"。

## 策略16:班长轮换
——人人都是班干部

在"班干部轮换制"下,每个班干部都在反省自己的行为,每个学生都在关注自己的班级,并对班干部提出了极中肯的建议。所有人都做到了"吾日三省吾身"。

近几年,我们学校每个月都要开展"科工讲堂"活动,主要是从全国各地邀请各行业的卓越人物——全国知名教育专家、企业成功人士、省级以上电视台主持人、报刊优秀记者等,走进学校为教师开讲座,目的是开阔教师的视野,提高教师的整体素质。

这是一个深受老师们欢迎的活动。

我没有想到，2013年初冬，"科工讲堂"邀请的主讲嘉宾竟然是我的学生成敏。

她是"刺麻苔"班学生，在拙著《我班有女初长成》里，我也曾多次讲述过她的故事。她2008年从我校毕业，仅6年时间，就已经成为学前教育界颇有影响的专家，经常乘飞机到全国各地开讲座。她讲座的主要听众是幼儿园园长或孩子家长，讲授的主题是蒙特梭利教学法。

如今，成敏应邀回到母校开讲座，主要谈企业文化与个人成长。听讲座前我是有点忐忑的，我怕她在教过自己的老师面前放不开。没想到，成敏温文尔雅、落落大方，自信且充满阳光。成敏在讲座的开始就说："我是新生入学一个月后才到我们学校来学习的。那时，班干部已经确定下来了。同时，也因为我与同班同学相比年龄偏小，所以在学校第一学期我不是班干部。但是，我非常感谢我们的班主任李迪老师，她在我们读第二学期的时候，在班里实行'班长轮换制'，让每个同学都有当班长的机会，使很多从没有当过班干部的同学得到了锻炼。我就是受益者之一。我和我们公司的领导都一致认为，真正接受过班干部训练的人，更善于合作，善于协调各种人际关系，考虑问题更周全。如今，我们班的多数同学走上工作岗位后，很快就能独当一面，这和当时人人都是班干部密不可分……"

听着自己的学生在母校的老师面前侃侃而谈，看到自己培养的学生出落得光彩照人、魅力四射，再回想我们实施"班长轮换制"时的点点滴滴，我百感交集……

实施"班长轮换制"有很多注意事项。

## 一、应认真琢磨"班长轮换制"的可行性

我们班第一次实施"班长轮换制"，是在王晓春老师的指导下进行的。那时，我班的学生个性张扬、桀骜不驯，我的班级管理力不从心。甚至有人

戏称:"李迪进了自己的班,就好像林黛玉进了花果山。"王晓春老师在深入了解了我班的情况后,给了我以下建议。

不确定一个长期的班长,实施班长轮换制。一个正班长,带一个副班长。一周之后,正班长下台,副班长当正班长,再选一名同学当副班长。一周之后副班长再顶替正班长,这样轮换下去。

实施班长轮换制的原因是:

(1)管理难,不做管理的工作,大家站着说话不腰疼,往往会捣乱或者不服从、漠不关心。如果这些人都意识到自己也有去管理别人的时候,心态就变了,就会努力学习现任人员的管理经验。这样可让一部分对集体漠不关心的学生关心集体,至少关心自己的下一步工作,从而让捣乱的学生安定下来。

(2)"我要参与管理的时候,别人给我捣乱,我的工作就不好做,所以我现在就努力地积攒好人缘,希望他们在我'执政'的时候别给我捣乱。"这样想的人,在接受管理的时候,服从的时候就会多,便于现任管理人员工作。这么做就达到了让学生换位思考的目的。

(3)班级的建设可以根据上一任的工作情况在这一任工作之前及时调整。学生自己也会思考"当我做班长时,如何更好地做好工作"。学生之间会产生竞争,达到让有工作经验的学生发挥聪明才智的目的。

(4)一段时间后,当过班长的人多了,学生相互理解、相互帮助的意识也就提高了。

(5)每个学生的个人简历里都有做班长的经历,利于学生将来找工作,对他们有利,他们自然会积极地去做班长并努力工作。

……

其实,我是万分认可这些建议的,但是对班级管理进行具体操作的毕竟是我,而且对班级的情况我了解得更深入一些。就如同农业科学家和农民,科学家告诉农民用怎样的方法才能使庄稼更高产、更绿色,但具体的操作还要靠农民自己。如果农民懒惰,如果农民不懂得把握天时、地利,如果农民一点儿主见都没有,只是生搬硬套科学家的建议,估计丰收的可能性不大。

对于这些建议,我在认识到它的科学性的同时,必须分析出它可能带来的副作用,把副作用降到最低。

首先,班级工作有持续性,有些成绩是需要同学们长时间共同努力才能取得的。班长轮换制可能导致班长只顾自己管理期间出成绩,没有长远打算。现在的政府官员不就有这样的弊病吗?他们只顾眼前的政绩,不惜污染环境、浪费资源,哪管后代的生存?

其次,班长轮换制如能保证正气占上风尚可,如若不能,极可能出现这样的情况:你当班长期间,我违反了纪律,你睁只眼闭只眼;等我当班长的时候,你违反了纪律,我也网开一面。

该如何避免这样的情况出现呢?

我决定开班会讨论,从那时起就让每个学生都参与到班级管理中来。

学生果然给了我非常好的建议。我们最后决定:为避免班长轮换制持续性差及轮换中间相互开"绿灯"的现象,补充以下几点。

(1)班级必须有一个稳定的班委,以避免班长轮换过程中出现突发事件,没有经验的现任班长把事情搞砸。如果正副班长都是"千里马",在干好自己本职工作的同时,自然能协调好班级别的事务;如果两名同学能力有限,班级工作有班委协助,想来也不至于瘫痪。

(2)为避免有的同学当了班长还不知道从何下手,得不到能力的锻炼,规定正班长负责班级纪律,副班长负责班级卫生。

(3)每周全班同学对班委和正副班长进行评价,公布同学对她们的满意度,以提高她们的工作热情。同时班委和正副班长也将评出在一周内表现不好的同学,老师好有目的地帮助她们。

如此,这个"班长轮换制"才拉开了帷幕。

## 二、班长轮换制实施后每周都要有评价

实施班长轮换制的目的是培养每个学生的合作能力、组织能力、人际协调能力、语言表达能力，同时，又不能让班级因频频更换班干部而乱套，最好的方法是及时总结、修改，且行且思。

因此，在每周的班会上，值周班长都要对自己的工作做出小结，同学们也会对班干部做出真诚的评价。

### 第一次对班干部的满意度评价

一大早就下起了淅淅沥沥的小雨，升旗仪式因此没有进行。趁此机会，我让学生对上周班干部工作情况做了总结。结果令我满意。让我感动的是，学生不但投了票，还对每位班干部进行了客观的评价。学生提意见时都很委婉，在批评之前都不忘先赞扬一句。

这些意见都是真诚而善意的。

我把意见念给全班学生听，告诉班干部们，"群众的眼睛是雪亮的，你对班级有多少贡献，同学们清清楚楚"。

**附1：学生对班干部们的建议**

（1）其实我对常任班干部（固定班干部统称常任班干部）挺满意的，不过她们有时在晚自习时带头说话，挺烦的。延娜（常任班干部）干得很好，我喜欢！

（2）紫衡（上周值周副班长，本周要转正）这一周很热心地帮助别人。思彤（常任班长）也不错，不过她没有以前那么热心了，希望她以后更好。

（3）希望紫衡再接再厉，接任班长后带头做好工作。

（4）希望紫衡以后动作快点；希望延娜以后说话更流畅；希望志丽以后为班级多操些心。

**附2：紫衡的体会**

在担任副班长职务这几天，我感觉到了苦和累，凡事都会遇到困难。人都是在困难时才想到如何解决问题，在困难时才想到自己以前自不量力。没当班长前，我总是什么都不想，只一味地把自己的事情办好，根本没有想过如何去帮助别人；而现在我感觉好无助、好孤单，后悔以前没有留心观察，导致自己现在工作时不知所措。现在的我是一个空壳，没有思绪，也不知道怎样做准备迎接下一步。因此，在以后的日子里，我要多留心观察，取他人之长补己之短。我也明白了集体团结的重要性。我看到了自己的不足，又认识了另一个我，在以后的日子里，我干任何工作都会提前规划。希望咱们班的同学在这一周继续支持我，我会更加努力。

一周以后，我们对班干部的表现再次做了评价，且看我的日记。

## 第二次对班干部的满意度评价

不看学生对班干部的满意度评价，你永远不知道我们班的女孩子有多可爱！

我把意见整理了一下，在班会上读了出来。

（1）班干部干得很好，尤其是紫衡进步了，延娜也不错。

（2）延娜，虽然你的语言组织不是很好，但是我知道你很努力、很认真、很负责。

（3）秋红，希望你能更加关心同学们的学习，而不是只顾自己学习。（老师的解释：同学们也应该知道，秋红并不是只顾自己的人，并不是她不想关心，她只是不知道如何关心同学们。我们相信秋红会提高的。）

（4）班干部都很负责，我希望咱们班能以和为贵，成为一个有活力的班集体。

（5）思彤，你最近好像不太管咱们班了，我希望你能做回以前那样。

（6）延娜，你对生活很负责，但打扫卫生时没有分好任务。不过这是你第一次分任务，有了这次的失误，下次肯定成功。

（7）紫衡，你当班长后非常认真，你很棒！

（8）紫衡，你刚进入状态，任期却要结束了。希望你以后再接再厉，仍像个班长。

（9）紫衡，你当班长后进步了很多，尤其是每天晚上在讲台上边做作业，边维持纪律。我感觉你好辛苦，在这里我代表全班同学谢谢你。

（10）延娜，你很认真。但咱们班的同学都不听延娜的，都觉得延娜多嘴，希望老师说一下同学们。（老师点评：这些建议好真诚！我替延娜谢谢这个同学。也希望延娜加强一下自己的语言表达能力。别的同学有一天也会当班干部，切记：己所不欲，勿施于人。）

（11）思彤，真的希望你能严于律己，给别的同学、班干部做好榜样，起到带头作用，不要带头起哄，这样影响真的很不好！（老师评语：思彤，同学们对你提出了更高的要求，是因为相信你，希望你成为咱们班的一面旗帜。群众的眼睛是雪亮的，你真的曾经带头起哄吗？听听同学们真诚的意见：这样影响真的很不好！注：这一条我没有在班上念，只是在班干部会议上读了一下。）

……

学生对班干部的评价和建议无一不诚恳，无一不认真，我真切感受到了班级里的正气。我读完同学们的意见后，班干部们也发了言。她们有的语言表达能力不强，还事先写了发言稿。

紫衡说："谢谢大家两周来对我的鼓励和支持，我自己也感觉进步很大。一开始当班长总感觉手忙脚乱，也曾经自问为什么要当班长。但我坚持下来了，相信你们以后也会和我一样坚持，并获得进步。在这里我想对大家说：如果你选择了天空，就不要渴望每天都是风和日丽；如果你选择了大地，就不要渴望每一条道路都平坦；如果你选择了海洋，就不要渴望总是一帆风顺。我选择了05幼师（1）班，我绝对不会退缩……"

延娜的语言表达能力不强,但她也一次次地对同学们表示深深的感谢,并问我如何锻炼口才,我说:"高声朗读课文是一种方法,另外,讨论时要多发言,锻炼心理素质。平时更要多看书,开阔视野……"

思彤一向伶俐,上台后说着说着竟哽咽了!她是想到了同学们对她的期望才这样的啊!

……

曾子曰:"吾日三省吾身:为人谋而不忠乎?与朋友交而不信乎?传不习乎?"

在"班干部轮换制"下,每个班干部都在反省自己的行为,每个学生都在关注自己的班级,并对班干部提出了极中肯的建议。所有人都做到了"吾日三省吾身"。

在后来的日子里,我们实行"班长轮换制",每周都要召开这样的总结反思班会,每个学生都会积极认真地准备发言。学生在这样的锻炼下日渐成熟、自信、自尊、自爱,自强不息。我们班善反思、爱学习、语言表达能力又强的绝不止成敏一个。

但是,如今我坐在书桌前整理着书稿,再来回想我们实行"班长轮流制"时的种种波折、挑战,我不能不承认,当你选择了"班长轮换制"时,其实就是选择了一种不稳定的班风。因为一些学生根本没有任何当班干部的经验,他们会手忙脚乱,使班级出现种种不该出现的问题,班级卫生、纪律会被扣分,像我这样有多年班主任工作经验的人也免不了被领导批评而丢面子。同时,又因为每个学生都曾经当过班长,都有了自己的管理理念和思想,又被锻炼得伶牙俐齿、善于演讲,这就等于是一座深山里来了很多老虎。俗语说:一山不容二虎。一座山里来两只老虎尚且容不下,何况每个学生都成了老虎?她们要在这种人才济济的班集体里学会妥协、退让……班级故事因此惊心动魄,我的班级常规管理也因此注定常有纰漏。

但这种"班长轮换制"对学生的成长有极大的好处。

曾有专家说：学生的成长和教师的荣誉在很多时候是相辅相成的，但有时也会发生矛盾。当学生的成长和教师的个人荣誉产生矛盾时，教师如何选择，就决定了他（她）在自己的职业生涯道路上能走多远。

当我带班的个人声誉和学生的成长产生矛盾的时候，我选择以每个学生的成长为重。所以，我的班级量化考核成绩虽不是最末，却也往往不是最好的。但我无怨无悔。

## 策略 17：尊重和信任
——莫把班干部当"眼线"

我们每个人的内心深处都有善恶两面，教师的作用就是尽力鼓励学生向上、向善，而在班级里设置"眼线"无异于教师一手催开了学生的"恶之花"，不利于形成和谐的班级氛围。对"眼线"同学的身心健康也极为不利。

我曾听一位有多年班主任工作经验的教师在班主任研讨会上沾沾自喜地说："为什么我对班级情况了解得那么清楚？因为我有内线……"当时另一位教师也持赞同意见，说："一个班级里如果没有几个班主任的'心腹'向你报告班级事务，你这班主任当得就有点儿失败……"

其实，有过多年班主任工作经历的我，早知道在班级管理中将班干部当成"情报组织"、使用"内线人员"（即安排一些班干部暗中观察班级各同学的言行举止，并向班主任汇报）有其有利的一面，主要表现在减轻班主任的工作负担，可在一定程度上掌握班级的动态，调动学生关注班级的积极性，培养学生的观察能力。但是，这种做法更多的是弊端，是不利的一面。

我曾收到过一篇周记，是学生肖娜写的。

肖娜是一个个性张扬，迟到、旷课不断的女生。她即使在课堂上听课也不认真,不是玩手机,就是睡觉。但是,她很讲义气,又见过一些世面,在某些方面比较成熟,语言表达能力很强,在班里属于"你不犯我,我不犯你;你若犯我,我绝不罢休"的角色。当时我在班里也没有安排过什么"眼线",只是喜欢在和学生聊天的过程中了解班级情况。有一天,我惊悉肖娜在班里耀武扬威,就决心为多数柔弱温顺的学生主持正义,当天就在班里发了火,我说:"听说我们班有个别同学认识了几个高年级的人,觉得自己翅膀硬了,公开声称谁惹了她她就不会让人家好过。今天我就惹惹这个同学。我很想知道这个同学打算怎么报复我……"

虽然没有点名,但肖娜一听就知道我说的是她。第二天,她就交给我一篇周记。她在周记中说:

让时间来证明一切吧!我承认我令老师和大家失望了,我不该说那些话。我错了就是错了,我无话可说。至于是谁在您面前告发了我,我不用想都清楚。我只是在忍着。往往说别人的人才是最坏的——我是这么认为的。我不会跟您说她怎么怎么样,这样没意思,我还是那句话,让时间来说明一切,让大家来证明。

我这人不希望跟别人结仇,对任何一个人都不想。我心里一直在想,如果她不说我该多好呀,那样我们即使成不了朋友,也不致成为仇人。是她让我们对立了,如果是我,我就没那么多事。我把什么事情都看得很开:爱情、友情、亲情……凡事为自己留条后路,这是我做人的原则。我很少得罪人,但别人一旦得罪了我,我确实会发毛的,我没那么傻。

我就不明白了,老师,您怎么就觉得她这样说我她就好了,她告了我的状,她就成好的了,一炮走红了,您不觉得那样的人可耻吗?除非您跟她站在同一条战线上。

老师,我不希望您有事没事找几个人私下打听某某情况什么的,世上没有完美的人,谁人背后不被说?这样会使我们同学之间产生矛盾的。我永远不会向您反映谁怎么怎么不好、怎样怎样令人恶心,又得罪人又亏心。为什么非要让每个人丑陋的一面都被您知道呀？就算我们有缺点，但是，既危害不了班级，又危害不到她本人，您何必向她打听，您何必让她里外不是人呢？以后如果您还是这样，聪明的人只会说好听的，笨的人就会告别人的状，那咱们班很快就该闹分裂了，整个班级里都拉帮结派。以后有活动了，就会有人说："哎呀！我看到她们就觉得恶心，她们参加了，我们就不参加了。眼不见心不烦。"老师您更不希望这样的情况出现，是吧？我知道您带我们这么一个班很不容易，带我们几个捣乱、有个性的学生更吃力。不过，我不认为我们班有什么坏女孩儿，我们这个年龄段的女孩儿在我看来都是那么阳光、活泼、可爱、洒脱……怎么会有坏女孩儿呢？再坏能坏到哪儿去呢？在我看来，大家的本质都是一样的纯洁……或许她在无意中犯了错，但她不是故意的，只要以后不再犯同样的错，她还是个好孩子，是吧？请您别再让大家把各自丑陋的一面展现出来……

肖娜的确是最让我头疼的问题学生，她的观点有些偏颇，却又那么深刻："请您别再让大家把各自丑陋的一面展现出来……"这句话振聋发聩。我们每个人的内心深处都有善恶两面，教师的作用就是尽力鼓励学生向上、向善，而在班级里设置"眼线"，无异于教师一手催开了学生的"恶之花"，不利于形成和谐的班级氛围。对"眼线"同学的身心健康也极为不利。班主任当然应该了解班级情况，这需要我们明察秋毫。即使要了解情况，也应该是光明磊落的"大报告"，而不是"小报告"。

后来在我带的班级，只要有什么问题、不满，干脆就在班会上锣对锣、鼓对鼓地说清楚。这样一来，班级的很多情况我不能在第一时间知道，可能带来很多被动。但是相对于催开"恶之花"，我宁肯选择工作暂时的被动。因为，对班级每个学生尊严的保护才是第一位的。

从同学关系来看，将班干部当成"眼线"会影响正常的同学关系，同学们会感觉在某个黑暗的角落，有无形双眼睛盯着自己，一种不安全感油然而生,这样会导致同学之间的信任危机。学生在学习和生活中小心翼翼,提心吊胆,多了恐惧、苦涩和无奈,不利于其健康成长。

其次,由于充当"内线人员"的班干部的思想品德状况参差不齐,个人观念和监督形式不同,观察角度千差万别,往往导致反馈的信息不完全、不准确,这样会给班级造成极大的负面影响,并影响班主任判断和决策的科学合理性。

在肖娜这件事情上,我做得不妥当的另一点是:我不该没有做认真的调查、分析,就马上去批评她。如此一来,我不但没有帮助肖娜健康成长,没有解决肖娜的问题,还让肖娜对班干部充满了仇恨,同时让向我反映情况的学生觉得自己"里外不是人"。这真的是我的重大失误。我应该做的是:谢谢这位向我反映情况的学生,并征求她的意见,问一问她是否能在班会上公开讨论这件事。这样做会让这个学生感觉老师很尊重她,即使她不同意在班会上公开讨论,她以后说出的话也必然能更严谨一些。

设想一下我们在单位里,倘若校长身边有几个炙手可热的"小人"在不停地"反映"情况(君子是不屑于做"眼线"的),这个单位必然四分五裂,那些埋头做事的人反而会被恶语中伤,而"眼线"们自己的心理健康状况也会成问题。

所以,我们应该培养每个学生当班干部的素质,但千万别把班干部当"眼线",因为班干部是班主任的助手,不是"内奸"。如果有人将班干部培养成了"内奸",只能说其教育理念有误。

归根结底,班主任之所以要把班干部当"眼线",是因为他对学生缺乏尊重和信任。当我们真正尊重每一个学生的时候,就绝对不愿意催开他们的"恶之花"。

# 第三章 建设卓越班级文化的7个策略

文化可以用四句话来表达：植根于内心的修养；无须提醒的自觉；以约束为前提的自由；为别人着想的善良。

对班主任来说，营造什么样的班级文化，就会带来什么样的教育结果。对学生来说，享受什么样的文化熏陶，就会结出什么样的教育果实。

一个卓越的班主任，应该怎样建设卓越的班级文化呢？

儒家告诉我们，人与人之间的关系大致有君臣、夫妻、朋友、兄弟、父子，同时又说君臣如父子，朋友如兄弟。曾子曰：宜兄宜弟，可以教国人。即年长的做个好哥哥，年幼的做个好弟弟，就可以教化国人……我们平时喜欢称黄河母亲、大地母亲、祖国母亲、月亮奶奶、太阳公公……可见中华民族是个讲亲情的民族，班级也可成为师生的小家园。

那么，如何让班级里充满"宜兄宜弟"的融融亲情呢？

## 引子：我们的教室，我们的家
### ——打造卓越班级文化的理念

从教室布置到学生的音容笑貌，从共同的语言密码到班歌，甚至绰号、玩笑，无一不以班级文化的形象来展现。

英国诗人威廉·布莱克有诗曰:"一沙一世界,一花一天堂。把无穷无尽握于手掌,永恒宁非是刹那时光。"

诗人的意思是:生活的一切原本都是由细节构成的,如果一切归于有序,决定成败的必将是微若沙砾的细节。

我深以为然。

而这生活的点点滴滴,从教室布置到学生的音容笑貌,从共同的语言密码到班歌,甚至绰号、玩笑,无一不以班级文化的形象来展现。

儒家教给我们秩序,让我们明白常见的亲密友好的关系是君臣、父子、夫妻、兄弟、朋友,同时又告诉我们"君臣如父子,朋友如兄弟"。那么,亲密的关系最后可以缩减成"父子、夫妻、兄弟"——完全都是家庭的关系。又如,曾子在《大学》里说:"孝者所以事君也,弟者所以事长也,慈者所以使众也。"意即:对父母的孝顺可以用于侍奉君主;对兄长的恭敬可以用于侍奉长官;对子女的慈爱可以用于对待民众……

因此,我喜欢将教室比喻成我和学生共同营造的温馨的家。比如,我的2005年班级日记里就记载着这样的故事。

下午军训将结束时,下起了毛毛细雨,学校让各班学生进教室——这是学生第一次进教室。我们班在三楼。我带一部分学生准备晚上的晚会。雯娜在黑板上写下了"军训晚会"几个大字。我说不好,让她改成"我们到家了!"。

是的,学生来校这么多天,今天终于进家了!"刺麻苔"班这个大家庭正式成立了。家是什么?家就是一间房子再加上一群相亲相爱的人。房子不必华丽,关键是我们要相亲相爱。这是一句多么温情的话啊!"我们到家了!"我们要在这个"家"朝夕相处三年,在这里演绎一个又一个或怒或喜、或哭或笑的故事,但愿这些故事都是以"爱"为主旋律的。

晚会很热闹,当我带领学生欢呼"我们到家了!"这句话时,多愁善感的女孩子们和我一样，两眼噙满泪花。

是的，我们到家了！

当所有学生都把身边的人当成亲人，当同学之情、师生之谊顺利转化为亲情时，我们的班级怎么可能不卓越呢？

班级特色文化具有一种无形的教育力量。它是学生受教育最直接、最重要的影响因素之一，有利于学生的全面发展和个性的张扬。我们在这里主要阐述的是如何通过班级文化建设引导班级舆论，同时解放学生的手和脑，让学生在付出中爱自己的班级、自己的家。

## 策略 18：让教室的墙壁能"说话"且会"对话"

引导老师、学生与墙壁上的花鸟草虫对话，会让整个教育过程显得富有诗意、浪漫、温馨，让学生在不知不觉中更加善良、高雅、美丽。

从形式上讲，班级文化布置可以分为两种情况：让墙壁对学生说话；让墙壁与学生做心灵的对话。

### 一、让墙壁对学生说话

也就是在墙壁上粘贴"业精于勤荒于嬉"，"一点两点三点，点点积累；一日两日三日，日日更新"等励志语。很多班级的教室布置都是这一类，其目的很明确，即让墙壁上的话提醒学生应该做什么、不该做什么。

有一个时期，我们班教室的黑板上方贴的字是"静坐常思己过，闲谈莫论人非"。因为我教的是学前教育专业，属于纯女生班。俗话说："三个女人一台戏。"五十个女孩子在一起，您说会有多少台戏？今天她没和自己打招呼，明天她上厕所又没有等自己，后天她在校园里走拉了别人的手却没拉自己的手,等等,如此鸡毛蒜皮的事,都可能让女孩子生气、烦恼、无心学习。所以,我希望墙壁上的话提醒学生:坐下来就常常想想自己的过错,和别人闲谈别老说他人如何如何。

有时,教室的墙壁上贴的是"琴可修身画养性,书能润屋德润身"。因为弹琴绘画最能修身养性,又是学生的专业课,而营造"书香班级"一向是我们班的夙愿——这样的布置,很符合学生所学专业的特点。

还有一个时期,我们在黑板上方放了一只"笛子"。具体做法是:先用牛皮纸剪一个小长条,再用碳素笔在纸条上画几道,粘贴到墙上,就是笛子了。笛子口弯弯曲曲地吹出几道黑线(是粘在墙上的黑毛线),引出四个字:"爱的故事"。其寓意是:我们班是以爱为主旋律的,我们在演绎着一个又一个爱的故事"。这种正面的提醒非常关键,有引导班级舆论的功效,能让学生的心境宁静。

谈到引导班级舆论,这是班级文化建设里最重要的内容之一。在陪伴学生成长的日子里,我一向是鼓励提建议,允许提意见,反对发牢骚。因为发牢骚是一种环境污染,往往会给人带来负能量。比如,我们俩是同桌,本来我是一个阳光少年好学生,但是你——我的同桌——很悲观,整天说"没劲""无聊""空虚""还不如死了算了"等负面的话,我听多了,久而久之也会感觉不痛快。这就是环境污染。很多老师都曾有过这样的感受:我们到这个班上课,学生回答问题积极踊跃,老师越讲越有劲儿;但到另一个班去,气氛却格外沉闷。为什么?这就需要老师们动脑子想一想,我们是否在班级文化建设中忽视了对正能量的扶持?

我希望学生"静坐常思己过,闲谈莫论人非";我希望学生修身养性,营造"书香班级";我希望自己的班级故事以"爱"为主旋律……干脆就把这些字贴到墙壁上提醒大家。

凡此种种,都属于"让墙壁对学生说话"。

但是,我听说有的重点高中要求教室里的字必须与学习直接相关,内容有"距离高考还有多少天"、考试名次表等。这就不免让学生感到紧张。这不是"让墙壁对学生说话",而是让墙壁对学生施加压力。学生会因此增加焦虑,甚至一进教室就头疼,而失去了温馨惬意的教室,是不能称之为"家"的。

还有的班级在黑板上方写的是"班级荣誉高于一切"。但是,扪心自问,班级荣誉真的就高于一切,甚至高于学生个体的成长吗?这句话显然是经不起推敲的,它因为不能给学生带来尊重、安全感而会被学生排斥。

### 二、让墙壁与学生做心灵的对话

除了在墙壁上粘贴文字,我班的教室布置中往往还有竹子、蝴蝶、小草、花朵、蓝天、白云等,这并不仅仅是为了美观,而是有更深刻的含义。

有一次,我们班的学生用方便面箱子做了个树干,粘在墙壁上。她们又买了几张绿色卡纸,随手撕成一片片树叶粘起来,于是一棵栩栩如生的大树就做好了。我是这样对学生说的:"这棵大树就像我们学校,片片绿叶就是在座的同学们。绿叶从大树身上汲取营养,大树也因绿叶而更加茂盛。想一想,咱们学校发展壮大了,同学们将来也觉得很光彩啊!要不,十年后人家问你是哪所学校毕业的,你说是郑州市科技工业学校毕业的。人家再问现在你的母校发展如何,你说'倒闭了',那多丢人啊!所以,我们有一个共同的愿望……"

学生齐声回答:"祝愿母校发展越来越好!"

教室的天花板有点空,怎么办?我们把黄色卡纸剪成小星星,在上面写上每个学生的美丽心愿,让学生亲自把小星星粘贴到天花板上。这便是在许愿了。学生在学习累了、乏了、困了的时候,一抬头就能看见自己的理想,就能为自己补充正能量。

在11幼(1)班教室外的墙壁上,学生用色卡纸做了一个葡萄架,上面还挂着串串葡萄。我是这样对学生说的:"常言道,'狐狸吃不着葡萄,就说葡萄是酸的'。我想，如果我们是那只狐狸，绝对不会说葡萄是酸的，因为我们知道那葡萄多么甜。但是，无论葡萄多甜，我们都吃不着啊！与其在树下埋怨、徘徊、愤懑、羡慕、忌妒、怨恨，不如低下头来寻找，说不定会找到花生、土豆、山药或红薯什么的。虽然葡萄很甜，但是花生也很香啊！我们知道考上清华、北大很好，但是我们考不上，就好像我们吃不到那甜美的葡萄。这时，怨天尤人是没有用的。我们来职业学校上学，也能掌握一技之长，将来也会有幸福美满的人生，这就是我们在泥土里找到的花生、红薯或土豆……"

看见教室的墙壁上贴有小草，我会感叹老子说的"天下事柔弱胜刚强"，在狂风暴雨来临时，参天大树可能被摧毁，小草在雨后却依然生机勃勃。学生应当像小草一样有旺盛的生命力。看见教室墙壁上贴的竹子，我会问学生：为什么中国文人喜欢竹子，因为它中间是空的，很直，又是一节一节的，象征着谦虚、正直、有气节。我们应该具备竹子的品质。看见墙壁上贴着绿树和鲜花，我会想到李煜的词"林花谢了春红太匆匆"，感叹青春易逝、红颜易老，建议学生珍惜生命。看见黑板下贴有蝴蝶，我会谈到破茧成蝶的密码……每次我发完议论，都会说："这是老师想到的，同学们看着这些想到了什么？"学生的回答往往非常精彩。

倘若我们只是布置教室，却没有引导、解说，效果便减半了。这就是德育最大的意义——让学生始终有一颗善思、善感的心，避免学生对万物冷漠、无情。

有一次，我们班的学生在教室里用粉色的吹塑纸做了一只卡通猫咪贴在墙上，我感觉粉色卡通猫好幼稚，却不便明说，只问学生为什么在墙上贴猫咪。学生回答说："老师，我们在提醒自己不要有'踢猫情绪'呢！"

我不禁哑然失笑。

那是我在班会上给学生讲的一个心理学方面的小故事：老板骂了员工小王；小王很生气，回家跟妻子吵了一架；妻子觉得窝火，正好儿子回家晚了，就扇了儿子一耳光；儿子捂着脸，看见自家的猫就给狠狠地踢了它一脚；那猫冲到外面的街上，正好有一辆车驶来，司机避让猫，却把旁边的一个小孩撞伤了。这就是心理学上著名的"踢猫效应"，指的是一种典型的坏情绪的传染。人的不满情绪和糟糕的心情，一般会随着社会关系链条依次传递，由地位高的传向地位低的，由强者传向弱者，无处发泄的最弱小者便成了最终的牺牲品。

难为我的学生竟然如此活学活用，他们哪里是让墙壁上的猫咪和自己做心灵的对话啊，分明是让猫咪和我这个班主任做心灵的对话，我以后还怎么好意思将不良情绪带到教室里来？

在那一刻，学生其实是我的老师。

引导老师、学生与墙壁上的花鸟草虫对话，会让整个教育过程显得富有诗意、浪漫、温馨，让学生在不知不觉中更加善良、高雅、美丽。

## 策略19：让学生在付出中爱自己的班级

为什么人们常说"金窝银窝比不上自己的土窝"？因为土窝再破，也饱含自己的心血。而皇家花园再美丽，也是人家的，里面没有我们的付出，我们便只有羡慕，没有爱。所以，你若爱我们的家，就要尽自己最大的努力去为这个家付出，为班集体争光，每天保持教室卫生，维护班级形象。

如前所说，我所带的班级，布置教室的字画一向是学生亲手制作。不是我们舍不得花钱，而是我固执地认为，学生亲手制作的字画更有意义，学生会因付出而认识到自己在班级里存在的价值，从而更加热爱自己的班级。因为爱的最高境界是"给"而不是"得"。

具体做法很简单：先将字打印到白纸上，再精心剪下来；买一张吹塑纸（一般用浅蓝色、浅粉色、浅绿色等能给人宁静之感的颜色），将剪好的字用双面胶粘贴到吹塑纸上，再沿着字的边缘将吹塑纸剪下来，黑色字体外隐隐约约有一圈浅蓝色、浅粉色或浅绿色的吹塑纸，看起来整洁大方，很有立体感。

我曾经参加过我们学校小昭老师所带班级的一个文化建设方面的主题班会。一进教室我就发现，这个"家"刚被装扮得焕然一新：打印出来的励志句子被小心翼翼地剪下来粘贴在吹塑纸上；用色卡纸制作的"心理田地"赏心悦目；还有专门展示自己班专业成果的园林，瓷片上方粘贴着心形的淡雅彩纸——整个教室里弥漫着温馨的气息。更精彩的是，她们组织的主题班会活动用小品、诗歌、相声回放入学以来的学习生活、师生情深……

班会结束时，学生邀请我发言——因为我带这个班的音乐课，彼此很熟悉，我也确实为学生的进步高兴。几句开场白后，我毫不掩饰自己的激动，感叹说："家是什么？家就是一间房子，再加上两个或几个相亲相爱的人。若是没有爱，无论房子怎样富丽堂皇，都不能给人'家'的感觉。"

学生纷纷点头，我继续说："但是，你怎样才能爱上这个集体、这个家呢？并不是你在这个'家'里得到的越多，对这个'家'爱得就越深；而是你为这个'家'付出的多，才会更加深刻地爱它。"看学生们不解，我一边作势伸手去摘教室墙壁上粘贴的学生作品，一边说："我现在要撕掉这些装饰，让工人师傅来为我们装修，好吗？工人师傅装修得肯定比这要漂亮。"

学生斩钉截铁地说："不行！"

"工人师傅装修得再好，我们也不喜欢。"

"墙上的剪纸要做出来需要多大的耐心啊！简直和绣花差不多！"

……

我将手缩回来，说："我相信同学们真的很爱这个'家'。为什么人们常说'金窝银窝比不上自己的土窝'？因为土窝再破，也饱含自己的心血。而皇家花园再美丽，也是人家的，里面没有我们的付出，我们便只有羡慕，没有爱。所以，你若爱我们的家，就要尽自己最大的努力去为这个家付出，为班集体争光，每天保持教室卫生，维护班级形象。将来回首往事，你得到的将会是千万倍的幸福、甜蜜和温馨。"学生们目光灼灼，纷纷点头，我继续说："爱这个家，当然也需要师生相亲相爱。但你怎样才能爱上自己的老师呢？人们常说，一个好老师能培养出很多优秀的学生。我却常常感叹，优秀教师也是由众多学生培养的。若老师为班级操碎了心，同学们却熟视无睹，不知感恩和回报，老师就会伤心、失望、厌烦，失去工作的激情。不过，我很高兴地看到，咱们班的同学一直在努力培养小昭老师、我和其他任课老师，你们愿意给我们鼓励，给我们建议，给我们肯定，老师在这里谢谢你们。希望同学们以后继续培养我们，我们当然也会努力培养你们。我相信，随着时间的推移，你们会因付出而更加爱我们，我们也会更加爱你们，如此，一个幸福美满的家就真正形成并坚不可摧了……"

班会结束，小昭老师和学生都对我说："李老师，您说得太好了！我们好感动！"

"李老师，我们以后一定多为班级做贡献，多和老师配合。我从不知道自己也能培养老师……"

近来我总是接到读者的来信和电话，他们共同的困惑是：我们为班级建设呕心沥血，学生却对集体荣誉不屑一顾，想旷课就旷课，想打架就打架，跟老师玩"老鼠和猫"的游戏。老师如此孤军奋战，怎么不疲惫？老师总是付出，得不到回报，怎么能不气馁？甚至有一线教师质疑："在书上看到很多关于老师爱学生、学生爱老师的例子。比如，李镇西老师去西安学习，学生送他到火车站还依依不舍；他的一个学生在考试中抄袭，全班同学都感觉脸上无光……但我面对的现实并不乐观。我的爱学生根本就不稀罕，我的学生对班级没有一点感觉，还谈什么集体荣誉感……我就纳闷了，那些教育专家们遇到的学生怎么都那么可爱……"

是啊！教育专家们遇到的学生怎么都那么可爱呢？他们的班级为什么总是团结上进呢？

其中必有规律可循。

我想起了《心灵写诗》中李镇西老师在第一次和学生见面的时候，就对学生提出"让人们因我的存在而幸福"这一观念，并及时表扬那些为班级服务的学生——这是他在引导学生为班级付出；为了制定班规，全班学生共同酝酿商讨一个多月——这是他在引导学生参与班集体建设；让全体学生写作文《我为万同的进步而高兴》——这是他在引导同学们关注后进生，让他们都加入帮助后进生的行列中……

因此，李镇西老师遇到的班级总是团结友爱，他也有闲暇去阅读、思索、写作。

不仅李镇西老师遇到的学生如此，魏书生老师的班级也总是团结友爱的。这很奇怪吗？其实并不奇怪，因为魏书生老师也善于引导学生为班集体服务，比如他提出"人人有事做，事事有人做"，就是让全班学生都参与到班级建设中，都参与到帮助同学的行列中，人人为班级付出，人人为他人服务，同时他人也都为自己服务。他们怎么会不对自己的班级、自己的同学产生感情呢？

我校学前教育部主任张巧英老师也是一个非常优秀的班主任，她的学生都有极强的集体荣誉感。在她的学生毕业离校那天，班长和几个同学把一摞奖状和教室里粘贴的字画送到办公室，希望张巧英老师带回家好好保存，张老师满口答应。我们见状都感到惊奇：学生都毕业了，还要这奖状和字画做什么？

班长和几个同学回答："我们刚才又把教室打扫了一遍，感觉以后就永远离开了这里，很留恋。忽然我们看见墙壁上贴的这些奖状、字画，每一张都是我们一起努力拼搏而得来的，是永远属于我们的，决不能丢，所以我们把它们揭了下来……"

学生这么一说，我忽然想起 2006 年冬，学校组织拔河比赛，巧英班和计算机班的学生对阵，力量悬殊，最后一局，她们眼看就要被拉过去了，几个女生却死死抓住绳子不放,几乎是躺到了地上,啦啦队的加油声震天响。僵持了好久,当对方终于被拉过来,裁判宣布巧英班胜利时,几个女孩子——参赛选手和啦啦队员,不是欢呼雀跃,而是坐在地上失声痛哭——这成绩的获得太不容易啊!这样的奖状,孩子们怎么能不珍惜?这样的班级,还有什么样的困难不能战胜?

因此,让学生对班级、对老师、对同学产生爱,并不难——引导他们为班级、老师、同学付出就行了。

我之所以用大量篇幅阐述付出和爱的关系,是因为所谓的班级文化并不仅仅局限于外在的环境布置,更体现为师生之间、学生之间、班集体和个体之间深深的、浓浓的爱,以及一种奋发向上的不屈精神。

## 策略20:让"给予"成为创造而不是牺牲

假如我们不是满心欢喜地与学生玩耍,不是以爱为底色与学生交往,我们得到的必然是疲惫,我们感觉到的必然是牺牲、舍弃和不甘。

爱的最高境界是"给"而不是得,并不是我们在这个"家"里得到的越多,对这个"家"才爱得越深,而是我们为这个"家"付出的多,才会更加深刻地爱它……对我提出的这一观点,很多人表示了困惑。最具代表性的问题是:苏霍姆林斯基和陶行知是我们学习的楷模,但是,他们俩都英年早逝,据说都是积劳成疾。再看看周围的一些英雄劳模,大多有一身疾病,且不能照顾家庭……难道,我们在学习上积极上进,在工作上无私奉献,最终都要以失去健康、幸福甚至生命为代价吗?这样的付出是应该的吗?这是教育的本质、人生的真谛吗……

一个比一个尖锐的问题不能不让我想到自己。我的身体状况一向不太好,但我从小就身体不好,现在的身体状况和工作学习繁忙似乎没有关系。

相反，我倒常常能在工作、学习中体会到充实的愉悦，若是哪一天没有阅读、写作，没有和学生聊天、玩耍，我定会郁郁寡欢、闷闷不乐。苏霍姆林斯基、陶行知这样热爱教育、热爱孩子的大教育家，想必更能享受到工作的幸福了。他们生活得有滋有味，从其一篇篇生动活泼的文章就能看出来。

我们在现实里确实耳闻目睹了很多为工作、为学生舍弃家庭、孩子甚至生命的优秀教师，媒体往往把这些人物及他们的事迹当成学习的榜样来宣传，宣传时又往往给人一个错觉——似乎"爱学生""爱事业"，就是要舍弃很多幸福和快乐。就连我自己，也曾在前文提出"爱的最高境界是'给'而不是'得'"。这就难免要让人误会了——若爱只讲奉献、给予、付出，不讲回报，也太高调了吧！这样的爱，有几个人能做到呢？

我想，"爱的最高境界是'给'而不是'得'"这句话没有错，错误的是我们对"给"的理解。因为真正的爱、真正的"给"，不是牺牲、舍弃，而是共同创造。

什么是"给"？这个问题看起来似乎很容易回答，实际上却很复杂并有双层意义。弗洛姆在《爱的艺术》里，对"给"的含义解释得非常透彻：

十分流行的误解是把"给"解释为放弃，被别人夺走东西或做出牺牲……有创造力的人对"给"的理解完全不同。他们认为"给"是力量的最高表现，恰恰是通过"给"，我才能体验到我的力量、我的"富裕"、我的"活力"。体验到生命的升华使我充满了欢乐。我感觉到自己生气勃勃，因而欣喜万分。"给"比"得"带来了更多愉快，这不是因为"给"是一种牺牲，而是因为我通过"给"表现了生命力。

我所理解的对教育的付出（无论是学生为班级的付出，还是教师为学生成长的付出），就应该是弗洛姆所说的有创造力的人的"给"，通过我的"给"，我才能体验到自己的力量、自己的活力。所以，爱学生、爱教育、为教育付出等的真正含义，并不是放弃、交换或牺牲，而是体验自我的生命力。

我相信很多老师都有这样的体验：当学生津津有味地听课时，下课后我们不会觉得累，反而很愉悦，因为我们实现了自己的人生价值；但是，如果某节课我们上得很糟糕，学生不爱听，下课后不用任何人批评，我们就会很郁闷，因为我们"给"得不顺。拥有财物的人并不一定是富裕的，而能给予他人财物的人才是富裕者。害怕损失的吝啬鬼，不管拥有多少财产，从心理学角度来看，他都是一个贫穷、可怜的人。满腹经纶的教师无论多么有才华，如果不能给学生以帮助，不愿花费心思和精力传授自己的知识给学生，都是可悲的。愿意把自己的东西给予他人的人是富有的，因为他感觉到自己是一个有能力帮助别人的人。老师尽情地"给予"学生，在学生的心田播下智慧、友爱、欢乐的种子，这个过程即使是辛劳的，也是浪漫的，给人的感觉是幸福，是充满诗意，老师和学生在这个过程中是双赢甚至是多赢的。

这些话听起来似乎有点玄奥，不如来几个真实的例子。比如春天里我和学生一起去绿荫广场种花、护绿；冬至时我与学生一起包饺子；端午节时我送粽子给孩子们；大雪纷飞时我们载歌载舞庆元旦，溶溶月光下我们欢声笑语度中秋（八个学生分一块小月饼）……也可能有人会说我善于给学生带去欢乐，我会说："不！不是我给他们带去了欢乐，而是他们给我带来了欢乐。或者说，在没有师生界限的交往过程中，我们获得了共同的欢乐！"

这样的给不是牺牲，而是引子，像药引子一样，用自己的"给"带领学生也开始爱、开始"给"，结果双方都得到了成长的快乐，这就是"双赢"甚至"多赢"。其实，教师向学生学习或从学生那里得到欢乐，就如同演员受到观众的鼓舞一样，能让教师振奋、感到幸福。不过，先决条件是"给"的人（教师）不应该把对方看作他帮助的对象，而应该同对方建立一种真正的、创造性的紧密关系。李镇西老师谈到自己和学生在原始森林中跋涉、在瓦屋山上饥寒交迫，不禁感叹："每一次，我和学生都油然而生风雨同舟、相依为命之情，同时又感到无限幸福。这种幸福不只是我赐予学生的，也不单是学生奉献给我的，它是我们共同创造、平等分享的。"（《教有所思》序）

所以，我所理解的教师的付出，不是牺牲，不是舍弃，不是不要家人，更不是不要健康，而是更爱自己，是增加自己生命的厚度，是和学生一起创造幸福。爱克哈特有一句格言，最精辟地总结了关于自爱的思想。他说："你若爱己，那就会爱所有的人如爱己。"一个连自己也不爱的人、连亲情都不要的人，绝对不是一个幸福的教育者，不是一个真正懂得"爱"的人，他又怎么可能将爱播种在学生的心田呢？

我们与整个世界是一个整体，对任何事物的伤害都是对我们自己的伤害。比如：我们破坏雨林，天气就不再像以往那样怡人；我们破坏了大气层，我们就会被紫外线辐射；我们污染了河流，我们的饮水就不再安全……我们伤害学生的情感，我们的心情也不会好……所以，如果我们真的对自己好，就要对环境好，对他人好，这样，我们才能拥有自己想要的环境，过上自己想要的美好生活。

假如我们不是满心欢喜地与学生玩耍，不是以爱为底色与学生交往，我们得到的必然是疲惫，我们感觉到的必然是牺牲、舍弃和不甘。当然，获得这些幸福的前提是：加强锻炼，保重身体。学生也喜欢神采飞扬、乐观开朗的老师。一个愁眉苦脸、暮气沉沉、疲惫不堪的老师是很难成为学生欢乐的源泉的。

## 策略21：让我们拥有一种共同的语码

如同拥有自己语言的民族不会被消灭一般，拥有共同语码的人，即使彼此性格不甚相投，也能明白，我们是"同道中人"。

班级共同的语码，其实在时时刻刻地提醒着大家：我们是一家人，我们曾一起走过风、走过雨，我们的心田里写满了爱的日记……我们不能不珍惜在一起的缘分。

我是在作家叶嘉莹的书里知道"语码"这个词的。

叶嘉莹说:"语言都是 sign,都是符号,每个语言都是一个符号,每一个语言的符号如果在一个国家或民族里边用了很久,它就带着这个国家或民族的一个传统的信息在里边了。这个时候,这一个 sign,这一个语言它就不只是单独的一个语言了,它就有文化的背景在里边了,这时它就变成一个 cultural code,就变成一个文化语码,变成一个语言的符码了,就给你很多的联想……"

我非常喜欢"语码"这个概念。我认为,不但一个民族、一个国家有自己的语码,在一个班集体里,也应该有自己特定的、别人不能理解而我们却能意会的语码。

比如,2007 年新生第一次进教室,我把《南瓜》一诗读给同学们听。

## 南 瓜

(德国)舒比格

(廖云海译)

洋葱、胡萝卜和西红柿

不相信世界上有南瓜这种东西

他们认为那是一种空想

南瓜不说话

默默地成长着

我对同学们说:"有的同学在初中成绩暂时不佳,如今来到这所学校,可能昔日那些文化课成绩好的同学、朋友甚至老师、亲戚,都认为你前途暗淡。就像诗中的洋葱、胡萝卜和西红柿,他们不相信我们将来能成材,他们不相信我们是南瓜,他们甚至不认为这个世界上有南瓜。但是,我相信你们,你们也要相信自己,如果你们真的是南瓜,从今天开始,从现在开始就默默地成长吧!解释是没有用的,只有辛勤、努力结一个果出来,才能证明自己……"

后来,"南瓜"这个词就成了我们班共同的语码。当学生不肯努力、有了懈怠情绪时,我会说:"我的'南瓜'们啊!在我们没有结出大大的南瓜前,谁又会知道我们不是野草,而是营养价值极高的南瓜呢?"

这里的"南瓜"不经解释,外人不知道是怎么回事。

再如,在"美人鱼的追求与疼痛"主题班会上,我说:"海底世界实际上相当于人类社会中低阶层的社会,海的女儿其实是社会低阶层家庭中的一个女孩。美人鱼渴望升上海面走进人世间,表现出的是出身于贫贱家庭的女孩对更高阶层生活的羡慕与向往。如同我们班的女孩子——包括我这样的女人,出身于农村,却渴望成为一个高素质、高品位的女人。但是,为了成为一个优雅的女人,美人鱼首先要做的就是献出自己的歌喉;我们出身于农村的女孩子,要拥有一份幼儿园的工作,成为合格的幼儿园教师,首先要做的就是抛弃自己的方言,学说普通话,并改掉那些骂人、粗鲁的毛病,让自己温文尔雅、谈吐不俗。其次,美人鱼为了拥有双腿,要忍着刀割的剧痛;我们为了有挺拔的身姿、高贵的气质,也要忍受形体训练的疼痛,我们不能懒散,否则不到30岁,我们的小肚子就会出来;我们必须挺胸拔背,否则给人的感觉是猥琐,这一切让我们感觉自己每走一步都如同走在刀尖上,但我们只能忍受;我们还要忍受学习和成长中的一切困难,我们必须养成良好的卫生习惯,否则别人都不愿意和我们接触……"

后来,"美人鱼"也成了我们班共同的语码,当学生上课时的坐姿歪歪扭扭或者说话粗俗的时候,我会说:"我的'美人鱼'们啊,要想成为一个优雅的女人,必须有高雅的气质。而这高雅的气质,不是一朝一夕就能炼成的。现在,让我们开始训练正确的坐姿,请同学们抬头、挺胸、收腹,坐住凳子的前三分之二……"

学生会在两秒钟内坐好,然后我说:"好!保持这个姿势,我们来读书⋯⋯"能保持标准坐姿来学习的学生,是不可能打瞌睡、开小差、玩手机的。

有一次,我送给学生一首莫言的诗《你若懂我,该有多好》,全文是:

每个人都有一个死角,
　自己走不出来,别人也闯不进去。
　我把最深沉的秘密放在那里。
　你不懂我,我不怪你。


每个人都有一道伤口,
　或深或浅,盖上布,以为不存在。
　我把最殷红的鲜血涂在那里。
　你不懂我,我不怪你。


每个人都有一场爱恋,
　用心、用情、用力,感动也感伤。
　我把最炙热的心情藏在那里。
　你不懂我,我不怪你。


每个人都有一行眼泪,
　喝下的冰冷的水,酝酿成的热泪。
　我把最心酸的委屈汇在那里。
　你不懂我,我不怪你。


每个人都有一段告白,
　忐忑、不安,却饱含真心和勇气。

我把最抒情的语言用在那里。
你不懂我,我不怪你。

你永远也看不见我最爱你的时候,
因为我只有在看不见你的时候,才最爱你。
同样,你永远也看不见我最寂寞的时候,
因为我只有在你看不见我的时候,才最寂寞。

也许,我太会隐藏自己的悲伤。
也许,我太会安慰自己的伤痕。
从阴雨走到艳阳,我路过泥泞、路过风。
一路走来,你若懂我,该有多好。

我没有用原版的朗读,而是用自己不算太标准的普通话深情地读出来,很有感染力。每次读到一段的最后那句话"你不懂我,我不怪你",学生都会笑着和我一起读,有的还一边微微地摇头,一边用手指着同桌。那表情真是可爱极了。

最后,我问:"这是一首情诗吗?"
学生纷纷回答:"是。"
我又问:"能不能用到师生之间、朋友之间、母女之间、父女之间?"
学生异口同声地回答:"可以。"
我说:"是啊!好的诗歌就是这样,可以用于很多地方。这首诗可以是我这个班主任送给你们的。我想做一个认真、负责的老师,必然会严格要求你们,免不了批评你们。这时,你们也许很生气,我便可以在批评你们之后深情地说——"
学生接过我的话,和我一起叹息:"你不懂我,我不怪你。"学生的声音下去了，我继续说："你若懂我，该有多好。"大家便跟我一起笑。

有个学生说："在老师冤枉我们的时候，我们辩解，您若不信，我们也可以说——"全班同学跟她一起感慨："你不懂我，我不怪你。你若懂我，该有多好。"

我说："好乖啊！你们在被冤枉的时候，若真能这样说而不是对我大发雷霆、怒目相向，就太好了。朋友之间相处呢？也不可避免地会有矛盾，在你们闹别扭后，你也可以对对方说——"

学生一起说："你不懂我，我不怪你。你若懂我，该有多好。"

我说："是的，这句话真好！让我们知道很多事情的不如意、不完美，并接纳事情的不完美。别人若懂我们，固然很好，但她们若不懂我们，我们也不能怪罪人家，是吗？"

学生回答："是！"

我说："好！我现在再次郑重地把这首诗送给同学们。同时要发自肺腑地说一句：你们永远也不知道，我是多么热爱课堂、热爱教育。我多么想把这门课教好。我本想在课堂上给你们整个森林，但我只有一片绿叶，所以只能尽自己最大的努力去备课，同时渴望得到同学们的帮助。如果我经过万般努力，课堂依然不够活跃，还请同学们谅解。如果你们不能谅解我，我只有从内心深处说一句：你不懂我，我不怪你。"

学生纷纷笑说："老师，我们懂你，你是个好老师。"

……

后来，"你不懂我，我不怪你；你若懂我，该有多好！"就成了我们班同学闹矛盾时的灭火器。无论同学们冲突时的情绪多么激动，只要有人说出这句话，就能言归于好。如同拥有自己语言的民族不会被消灭一般，拥有共同语码的人，即使彼此性格不甚相投，也能明白，我们是"同道中人"。

这就是共同语码的作用，能让学生感觉这是一个共同的集体，让我们在一个词语里有很多的联想。其实这种说法起源于德国语言学家索绪尔，他说凡是语言都有两条轴线,一个是横向的轴线,就是语法的结构;一个是纵向的轴线。联想的结构,是由这两条线组成的。

班级共同的语码在时时刻刻地提醒着大家:我们是一家人,我们曾一起走过风、走过雨,我们的心田里写满了爱的日记……我们不能不珍惜在一起的缘分。

## 策略22:让班级性格与众不同

一个班级如果经常让外班学生羡慕的话,这个班的凝聚力就有了,学生会自觉维护自己的班级形象,班级自豪感也油然而生。所以,班主任很有必要让自己带的班级和别的班级不一样。

职业学校的学生与普通高中学生相比,个性似乎更张扬。他们厌烦中规中矩、老生常谈。班主任如何在满足他们求新、求异心态的同时,引导他们认识真、善、美呢?

我在学生面前表现的往往也是与同龄人相异的地方,言谈举止里透露出"与众不同,我就是我"的个性。

这样的个性主要表现在教室布置、师生心态、班歌、实践活动等方面。

首先谈谈教室布置和师生心态。

2004年秋,我们班搬进"陋室"里上课。

搬进"陋室"其实不是学校领导的初衷,同学们当然也不乐意搬。但新学期新生太多,每个班级都超过了50人,所有的教室都占满了,还是不够。于是学校领导决定让不满40人的二年级班级从宽敞明亮的大教室搬进办公楼上课。

我们班当时只有37人,自然在搬家之列。

办公楼是新楼,但我们班那间教室既没有多媒体设施,又没有空调,三面是墙壁,一面是窗户,房间小了很多,天花板也低了一些。我向学生摆事实、讲道理,"搬家"进展得还算顺利。但搬家后的教室里明显弥漫着一种沉闷的气息,同学们上课、复习均没精打采。

搬完"家"的第二天,我走进教室,看见黑板上写着一首打油诗:走进一间房,三面都是墙。对面办公室,窗外是厂房。

同学们面无表情、一言不发地看着我。

我能说些什么呢?这首诗所言极是!我无话可说!我一边把黑板擦干净,一边思索着如何使学生爱上新"家",如何让自己的班级有"个性"。

接下来的周末我没有休息,我带着班长将教室重新布置了一番。因为我们班学的是学前教育专业,布置起来得心应手。

星期一,同学们走进教室,迎面看到八个大字"斯是陋室,唯吾德馨";对面的墙壁上用小小的千纸鹤组成一把大扇子,中间写着"腹有诗书气自华";后面的墙壁上用红色皱纹纸叠成小红花,粘成两颗红心,再用五线谱弯弯曲曲地连起来,下边写着"讲一个爱的故事,架一座心的桥梁";正面的黑板上方用牛皮纸剪成一支笛子,笛子里吹出来几个音符,飘向四个大字"爱的故事",表示爱是我们班生活的主旋律,我们每天都在演绎着一个个爱的故事。最妙的是天花板上零星地粘了几颗用银色包装纸剪成的星星,让人从视觉上感到教室高了很多。

学生一下子就喜欢上了这个精致、温馨的书房式教室。我不失时机地指着天花板上的星星解释寓意:"天上只有一个月亮,如果做不成月亮,就做一颗闪亮的星星吧!星星也有自己的欢乐和光彩。你们不必样样领先、事事成功,只要你们能健康快乐地成长,我和你们的父母就会无比欣慰。"同学们忍不住鼓掌喝彩。我接着动情地说:"在宽敞明亮的大教室里,我们班是一个团结向上的集体;在狭窄的陋室里,我们班依然是一个欢乐的大家庭。大家说,是吗?"教室里群情激昂,同学们异口同声地说:"是——"我接着说:"只要自己心中有江上清风、山中明月,无论在什么环境里学习生活,都是'风景这边独好'……"

我知道学生搬家后心里还窝着气,否则,她们绝不会在黑板上写下打油诗。这一肚子气,总得宣泄出来才好啊!于是,我说:"我们今天晚上开一个联欢晚会,怎么样?也不用理由,就是想乐一乐。"同学们更加兴奋,但立即有人提出:"这么小的教室,怎么开晚会啊?"我说:"教室虽小,校园却大。校园里的清风明月、鲜花草坪都属于我们,我们就到校园里开'月光晚会',怎么样?"……

那一天,我们玩得很开心,专管学生纪律的政教主任也参加了晚会。晚会的欢歌笑语引来外班同学的无比羡慕,他们觉得我们班的学生心胸开阔,无论在什么情况下学习都有良好的心态,并且能把自己的班级布置得浪漫、清新。

我个人感觉,一个班级如果经常让外班学生羡慕的话,这个班的凝聚力就有了,学生会自觉维护自己的班级形象,班级自豪感也油然而生。所以,班主任很有必要让自己带的班级和别的班级不一样。

我有一个好朋友,是教高中的男教师,五音不全,唱歌跑调,但是他特别爱唱歌。每次预备铃响后,他都会带着自己班的学生唱一嗓子,结果他们班的学生都跟着他跑调。一开始,外班的学生听到歌声还笑话他们:"歌唱成这个样子了,竟然要还唱!"时间久了,大家就由笑话变成习惯,由习惯变成羡慕:"别说人家唱歌怎么跑调了,人家比我们高兴。"

就这样,"唱歌跑调又爱唱"成了他们班的特色,成了别人羡慕他们的地方。

我带07幼(1)班的时候,不但将自己的教室布置得温馨浪漫,还写了一首班歌。我们没有套用现成的歌曲旋律,我哥哥是个作曲家,由我哥哥作曲,我自己作词,我们班的学生一起录音演唱。歌词如下:

## 我们是春天里的薰衣草

——07 幼（1）班班歌

朗朗的读书声，歌儿笑云天，

鲜花点头笑，园丁来浇灌。

知识的海洋任我游，

少女的笑容更灿烂，更灿烂。

我们是零七幼一的薰衣草，

我们是春天里的花烂漫。

幼一，薰衣草，

你是我航行的灯塔，你是我成长的摇篮。

今天在这里为人生奠基，

明天将驶向成功的彼岸。


沙沙的跑步声，朝气满校园，

小草舞身姿，阳光洒温暖，

知识的海洋任我游，

少女的笑容更灿烂，更灿烂。

我们是零七幼一的薰衣草，

我们是春天里的花烂漫。

幼一，薰衣草，

你是我航行的灯塔，你是我成长的摇篮。

今天在这里汲取营养，

明天将长成大树参天。

这首歌曲的特点是清新、欢快、柔美，略带一些时尚的流行歌曲味道，很适合女孩子演唱，当时我们班是纯女生班。这也是我们班的保留曲目，每次演唱都会引来别人的羡慕。

春暖花开的时候，我会带学生到学校附近的绿荫广场去种花。有一次，种花结束时，绿荫广场的领导将剩下的一大包美人蕉的根送给我："回去找个空地，种到学校里吧！"

同学们听了非常开心，一路上兴致勃勃地讨论："咱们把它们种到哪里呢？"

"老师，您去买个大花盆，我们把它们养在自己的教室里。"

我说："还是养在校园里好，就种在花池里。"

"不，老师，养在水桶里也行啊！咱们班有两个坏了的水桶呢！"

"万一水桶裂了怎么办？"

"用铁丝从外面缠一下。"

我又说："还是养在校园的花池里好。"

有个别学生不乐意："老师，我们想养在教室里，这是我们的花啊！"

我还来不及回答，班长美玲就说："种在校园的花池里，我们不也一样每天都能看见吗？难道非要把它关在咱们班的教室才好？全校同学看看又怎么了？美人蕉那么大，需要充足的养分，不适合养在花盆里的。"

别的同学不说话了。我却暗自感叹：美玲的威信高不是没有原因，看她说得多好啊！自己种植的美丽花草难道别人就不能看吗？做事情讲究三赢，要你好、我好、大家好。将美人蕉种到花池里，就属于花好、我们班的同学好、校园环境更加好。这样的道理，学生早该知道。

下午在花池里种花，外班的许多学生羡慕不已。我知道，班里的姑娘们又一次产生了班级自豪感。我相信，无论是绿荫广场上的美人蕉，还是校园里的美人蕉，都将成为我们班每个同学心里最美丽的记忆。因为，这是我们班和其他班级相比最与众不同的地方，也是学生引以为荣的地方，她们会因为被羡慕而更加优秀的。

## 策略 23：让绰号成为积极向上的班级文化

"大姐""二姐"也是一种语码，当我们提到这些词语的时候，感受到的不仅仅是她们比同学们大，还有更深层的含义：大姐、二姐会无私地照顾、帮助同学们，而同学们对大姐、二姐更要尊敬、礼让。从心理学层面讲，这是一种角色期待。在这种角色期待下，被称作大姐、二姐的同学会和老师一起为班级付出，为所有同学付出，甚至会严厉地批评同学们。

前文中曾提到的班长美玲有一个外号——"大婶"。

初次听到美玲这个外号，我不喜欢。人家才是一个十多岁的小姑娘嘛！也不过就比班里的其他同学大了两岁，怎么能叫她"大婶"呢？但是，听了我的埋怨，同学们异口同声地回答："这样叫着多亲切啊！"再看美玲，她竟然也默许了。

我心头暗笑，却不能不再次思考班级外号的学问。

外号是一种"民间文化"，对于班风有一定影响。外号有很多作用，能反映出很多问题。比如，在我以前带的班级，同学们都不叫班长的真名，而是直接叫班长，这表明同学们认可了她的班长身份。再比如"刺麻苔"班的润雪外号叫"小可爱""小不点"，这说明她有依赖性，不太成熟，却很可爱。如今，美玲被同学们称为"大婶"，又是什么意思呢？

美玲非常负责，任劳任怨，像妈妈一样，爱唠叨同学们这里做得不好、那里干得不对，同学们朝她发火，她也不计较，她在同学中是有威信的。大家初次离家，感觉美玲像个家长，因此喊她"大婶"。据说小丽有时在寝室里干脆喊美玲，"妈——把我的书递过来"，美玲竟也乐呵呵地接受。

我不打算过分干涉这一现象，外号还有表达感情的作用，有的外号表示尊重，有的外号表示亲昵，有的外号表示排斥，有的外号表示轻蔑，有的外号表示喜爱，有的外号表示敬畏，有的外号表示厌恶，等等。我要做个聪明的班主任，通过外号看出学生之间的关系，看出给别人起外号者的性格和思维倾向，在需要时做适当引导，避免同学们给别人起侮辱性的外号。从"大婶"这一称呼里，我看到了同学们对美玲的尊重、亲昵、喜爱，同时还有一点点嫌她啰唆。但是，这些女孩子确实需要一个人常在她们耳朵边唠叨几句。我既然不擅长唠叨，就应该感谢上苍给了我一个这么优秀的班长——实在是比我能干啊！而且，从她对这一外号的接受来看，她的心胸也是非常宽广的。想一想，我年纪这么大了，还不乐意别人叫我"大婶"，我应该向美玲学习才是，弟子不必不如师嘛！

其实，外号也是一种娱乐方式。互相叫外号，可以调节过于严肃的气氛，缓解压力。外号有某种心理镇痛作用。我清楚地记得，婷婷在气得发疯，恨不得和美玲大打一架的时候，竟然还恼怒地喊："大婶，是不是你告了我的状？"如今想来我还觉得可笑。

按照王晓春老师的说法，外号总是如影随形地跟着人。谁不曾有过外号？网名就是自己给自己起的外号。

因此，在一般情况下，我不阻止学生互称外号，有时甚至在班会上与同学们一起商量如何给学生起外号，好让它们的正面影响发挥到极致。

我曾经写过一篇文章《二姐》——

## 二　　姐

同学们都亲切地叫她"二姐"。

她是我们班年龄最大的学生，今年30岁。她已经结婚生子，却又回到学校来圆自己做一名幼儿教师的梦。论理，她都是学生阿姨辈的人了，总不能让同学们对她直呼其名吧！何况，我见她的第一面就感觉她正直、阳光、好学上进，堪称中职生的典范，有心让她成为我们班的标杆、楷模、榜样。但是她是走读生，不能当班干部。那么，让同学们对她有一个合适的称呼，将有助于她树立威信。

所以，新生入学不久，我就抽出一节班会课，和全班同学商量怎么称呼她。她的真实姓名叫聂转红。我们是叫她"红姐""聂姐"，还是"二姐"？（之所以没有叫她"大姐"，是因为新生报到的时候，我们班还有一个年龄36岁的学生，后来由于种种原因她没来上学，所以大姐空缺。）最后敲定了"二姐"这个称呼。后来，全班同学几乎都忘记了她原本的姓名，连班长点名的时候都直接叫她"二姐"。

她是一个成熟而不失纯真的学生，语言表达能力极强。生活中对同学们的关心自不必说，平时和小她十几岁的同学在一起玩闹，叽叽喳喳的，竟没有丝毫代沟。但是，她在课堂上又是严厉的。有一次早读，她走上讲台对我说："老师，我可以对同学们说几句话吗？"

我点头。

她一本正经地走到讲台上，说："咱们班现在很多同学的学习劲头都大不如以前了，有的人上自习课还吃零食。我们是来学习的……"她一转脸，看见梦瑶在和同桌说话，她的嗓门立即提高八度："梦瑶，我说的就是你，你还不听。你看你以前多么上进，现在呢？你自己说说你现在的表现如何……"

我在讲台下被吓了一跳——一般情况下，我这当老师的都不敢这样当着全班同学的面如此严厉地批评某个学生，花季少女的面子可是大问题啊！所以，等她说完，我缓和气氛道："真是好庆幸我们班有这样一个关心大家的'二姐'。"我接着明知故问："但是，转红，你就不怕梦瑶对你有意见啊？""二姐"爽朗地笑着说："梦瑶那么聪明，还不知道我是为了她好啊！她不会对我有意见的。"我再看看梦瑶，她红着脸，果然一副很服气的样子。如果这话是我说的，梦瑶肯定会不乐意，因为师生不是一个"战壕"里的人；如果聂转红没有"二姐"这个称呼，她又不是班干部，梦瑶肯定也会不服气——你凭什么来管我？但是现在，她是同学们的"二姐"啊！她当然可以关心同学、批评同学了。

有时候，我和"二姐"一起走在校园里，她看见有顽皮的同学走过，会说："晓婷，今天中午我们班是古筝自习课，你早点去啊！上次你就迟到了。"晓婷会很顺从地回答："好的，二姐。"

这真的让我省了不少心。

有一次，我约一个学生中午找我谈心，学生说："老师，二姐说今天中午给我们排练节目呢！"

我便放手让"二姐"排练。

班里的雯雯爱上了男生小华，小华却拒绝了她，说只愿做雯雯的哥哥。雯雯很伤心，上课哭，下课也哭。转红便在周末把她带到某大学校园里，说："看看这些才华横溢的男孩子，这个世界上的好男孩多的是，你何必非要把眼睛放在小华一个人身上……"

后来，雯雯果然想通了。

所以，很多时候我会想："二姐"对同学们做思想工作果然有一套，我俩配合起来，效果绝佳呢！

转红来我们学校上学前曾在花卉市场工作过，因热情、开朗，她认识了很多字画装裱店、文具店的老板。我们学校的学生上美术课，经常需要批发一些画板、纸张之类，有时又需要装裱画，转红便为他们联系最便宜、做工又好的店。一开始她只为我们班联系。慢慢地，所有学前教育专业的学生都开始麻烦她，她有求必应。

"二姐"的称号就这样由我们班扩大到了整个学前教育部。

2012年某个秋日午后，外班男生十余人浩浩荡荡地来到我们班的教室外，要找男生小鹏的麻烦。我们班女生多，男生少，大家都很害怕，小鹏也不敢出门。"二姐"走出去，对那些男生说："我们班不欢迎外班男生进我们的教室，你们回去吧！以后不要再找小鹏的麻烦了。"

学生毕竟是学生，听到"二姐"义正词严的话，外班男生竟然被"震住"，乖乖地回去了。（我听说后也到外班做了工作，后来他们果然没再找我们班同学的麻烦，这是题外话。）

几天后，"二姐"在校外看见一个男孩子蹲在马路边，一副很痛苦的样子，再一细看，竟然是上次领头到我们班找小鹏别扭的那个男生，她就停下电动车问他是否遇到了麻烦。男孩子说："一个骑电动车的人撞了我，我的腿都被撞破了，骑电动车的人却跑了。我现在走不了路，要休息一下。"说着说着，男孩子竟哭了起来。"二姐"说："你上我的电动车吧，我带你去找医生涂药。"男生扭捏着不肯，"二姐"说："你不用不好意思，我们班的同学都叫我二姐，你也可以叫我二姐。这里离学校好远的，你的腿刚受了伤，不能活动，上来吧！"她把这个男生带到一个小诊所涂了药，又送他回学校去……

从此，外班的一些男生也开始叫她"二姐"。

我班的新生入学后，要买舞蹈裤、舞蹈鞋、手绢、扇子、画板、素描纸等。同学们总是一起交钱，再由班干部去统一批发。去年深秋某日早读前，我走进教室，只听转红在讲台上说："这段时间我们每个人交了多少多少钱，买了什么什么，花费多少，还剩余多少。有的同学可能疑惑，不知道钱是怎么花的。你们可以随时到生活委员那里去查一下账……"

听了转红的话，我想起以前我带班，班长辛苦地为同学们批发学习用具，同学们却怀疑班长贪污，最后闹了很大的矛盾。莫非，现在这个班的学生也在怀疑班干部"贪污"？我焦急起来，说："二姐和班干部牺牲周末的休息时间为大家批发学习用具，真的很辛苦，你们可不要误会他们啊！我们不能让班干部在操心、劳累、流汗后，还受委屈……"我在这里还打算长篇大论，转红却将头转向我，很认真地反驳："老师，您说得不对。同学们交了钱，就应该知道钱都花到了什么地方。若是他们交过钱后，对钱的去向不闻不问，那才是糊涂，那才是对不起他们的父母呢……"

那一瞬间，我感慨万千：我的学生心胸如此坦荡，而我，都想了些什么呵!在这件事情上,究竟谁更有资格做老师?我若能时刻像转红一样明白做某些事是自己的责任,要开开心心地去做;同学们说的某些话可以理解,要耐心细致地去解释,生活便会少许多抱怨、委屈,会多几分美满、和谐。很多时候,我们的埋怨、委屈,是自己强加到自己身上的。

我在"二姐"身上看到了很多优良品质,她的言行净化了我。所谓的"教学相长",就是指我们这样的师生吧!

慢慢地,"二姐"这个称呼不仅仅流传在学生中,有一些年轻的刚参加工作的老师也开始叫她"二姐"。这让我们想起《红岩》里的江姐。当时,凡江姐认识的朋友——男的、女的、老的、少的,都叫她"江姐",因为她对所有人都如姐姐一样关心呵护。

而最让我感到欣慰的是,转红上学不久,就开始到"若木书院"去做志愿者。

转红早就知道庙李村有个书店,学生可以去免费借书阅读。后来她发现这里有很多小孩子在写作业,详细问起来,才知道,书店是一对大学生夫妻开的。他们看到那些外来务工人员的孩子周末没人带,跑得到处都是,就把他们集中到一起写作业。转红很感动,从此就利用周末带着自己上幼儿园的孩子来这里做义工。

我听说后,建议我们班的女孩子也跟着她去做义工。没想到,同学们做义工收获更多,意义更大。

第一,那些外来务工人员的孩子有了辅导老师。第二,我们班的学生周一到周五在学校学习,周末去当小老师,这其实是一个温故而知新的过程。比如,小蕊在教小朋友跳舞的时候,跳着跳着,有个动作忘记了,不禁感叹:以后在学校上舞蹈课一定要认真一些,否则就教不了小朋友了。第三,学生在做义工的时候,必然会受到孩子家长的赞扬,这种赞扬是对他们无私奉献精神的强化,他们会越来越乐于助人,他们会体会到不要报酬的劳动能获得金钱买不来的尊重。第四,她们这样的助人行为,对整个社会是一种净化……

如今,"聂转红志愿者小分队"已经成立,越来越多的学生参与到了这项活动中。"二姐"的影响越来越大了。我相信她一定会实现自己的理想,一定会成为一个幼儿教育专家。我更相信她像一盏明灯,在照亮自己的同时,也点燃身边人的善良之火。

转眼间,转红已经实习并走向社会了,我思念她,也思念自己曾教过的所有学生。有一天中午我到食堂吃饭,听身后的一个女孩子说:"二姐,我没带餐巾纸,给我一张……"我心头一喜:莫非转红回母校了?我转身去看,发现被称作"二姐"的是一个瘦瘦高高的女孩子。细问起来,那个借餐巾纸的女孩子快嘴快舌地指着另一个白白净净的女生说:"这是我们班的大姐,她是二姐。她们都是上过高中又来咱们学校掌握一技之长的,比我们大几岁,班主任建议我们叫她们大姐、二姐……"

这时,被叫作"大姐"的学生很不好意思地笑说:"老师,我们吃完了,现在要出去替同学们复印一些五线谱,您慢慢吃。"

我问:"大中午的,你们要到哪里复印?"

"大姐"说:"我们去轻工业学院,那里复印一张一毛钱,而在我们学校附近复印一张要五毛钱……"

望着她们远去的身影,我想:"大姐""二姐"这样的称呼,已经被好多班主任利用起来了。前文我曾提到一个概念——语码。其实,在我们中国人心里,"大姐""二姐"也是一种语码,当我们提到这些词语的时候,所感受到的不仅仅是她比同学们大,还有更深层的含义是:大姐、二姐会无私地照顾、帮助同学们,而同学们对大姐、二姐更要尊敬、礼让。从心理学层面讲,这是一种角色期待。在这种角色期待下,被称作大姐、二姐的同学会和老师一起为班级付出,为所有同学付出,甚至会严厉地批评同学们。这样做不但避免了成熟的学生带头和老师作对,还巧妙地将这些学生向上、向善的心激发起来,让他们成为班主任的助手。而多数同学,会觉得被"大姐""二姐"批评也是应该的,因为他们是同一个战壕里的人。就好像孩子小的时候,倘若被大人打一下,孩子可能会号啕大哭;但是若被小伙伴们打一下——即使被打得很疼,也未必会流泪。

## 策略 24:让师生的生活充满情趣

何不做一个善于"折腾"故事的人,让平凡的生活泛起层层涟漪,给琐碎的工作加些清香调料,使酸甜苦辣都成为一首动听的歌?

当我提出"假如我们不是满心欢喜地与学生玩耍,以爱为底色与学生交往,我们得到的必然是疲惫,我们感觉到的必然是牺牲、舍弃和不甘……"有的朋友提出困惑:"我们也想'满心欢喜地与学生玩耍,以爱为底色与学生交往'啊!关键是,我们怎么才能做到这些?"

我明白这些老师的意思,他们困惑的不是自己"应该怎么做",而是自己"怎么才能做好"。换句话说,他们想知道自己怎么才能在陪伴学生成长的同时让生活妙趣横生?

闲暇时,我常想:幸福是什么?幸福就是做自己喜欢做的事情,并且做得让自己满意,还能够靠这个来养活自己。把这个概念搞清楚非常重要,它能让我们知道,生活自有不尽如人意之处,乐也好,悲也罢,一天 24 小时不会多也不会少,何不让自己多几许幸福欢乐?何不做一个善于"折腾"故事的人,让平凡的生活泛起层层涟漪,给琐碎的工作加些清香调料,使酸甜苦辣都成为一首动听的歌?

怎么去"折腾"故事呢?

每一个节日都可以利用起来"折腾"故事。比如,每年冬至各班包饺子,是我们传统的、独特的学校文化。这个活动在培养学生生活技能的同时,又有效地形成了融洽的师生关系。每到冬至这天上午的两节课后，全校师生无不兴高采烈、喜气洋洋。学生买肉、买菜、买面、调馅、煮饺子……然后再一碗碗地端给辛勤地教自己的老师——这就是学生在"给"啊！老师吃到学生亲手包的饺子，都会真诚地说声"谢谢"，学生便能体验到"给"带来的幸福和快乐。

但是，并不是说这个活动就没有瑕疵，比如2011年冬至，我和同学们约好了上午第三节课开始包饺子。但当我按时跑进教室时，叮叮当当地剁白菜的声音已迫不及待地响起。教室里人声鼎沸、一片狼藉，同学们早把我昨天的嘱咐——把书本收好再开始包饺子——抛到了脑后。

学生兴致这么高，我当场发火或讲道理显然是不明智的。怎么办？忽听小涛皱着眉头说："老师，我担心今天中午吃饺子的时候，会吃出一块橡皮来。"我忍俊不禁，喊道："同学们听到小涛的话了吗？他担心中午吃饺子会吃出一块橡皮来。"学生们都笑了。几个女生齐动手，片刻间课桌上的书本文具就规整好了。

看着学生们兴冲冲地端着包好的饺子走进食堂，我悄悄地转身回到办公室。这些孩子遇事过于激动，难免顾此失彼，我要给他们一个小小的教训。

40分钟过去了，估计学生把饺子吃完了，我打电话给班长："同学们都吃过了吗？"

"都吃过了。老师，没有人吃出橡皮来。"

"还有剩余的饺子吗？"

"没有了。我们送给任课老师好多。"

我故意失望地说："啊！我还没吃呢！你们把我给忘了。"

班长一下子慌了："老师，您不是一直跟我们在一起吗？怎么您还没吃啊？这……"接着我听到她低声对其他人说："咱们的李老师还没吃饺子呢！"又有一个声音传来："老师，班长记错了，我们还有剩余的饺子，我们马上就给您送过去……"

我心头暗笑：看她们怎么给我送饺子。

十几分钟后，班长果真送来了饺子……

我们班的饺子是猪肉白菜馅儿的。但我吃一个，是韭菜馅儿的；再吃一个，是萝卜馅儿的；又吃一个，竟然是南瓜馅儿的……

下午走进教室，我真诚地感谢学生："今天我吃到了'百家饺'。真是难为同学们了。我想象着你们拿着快餐杯到别的班级要饺子，一定是给人家赔笑说：'可怜可怜我们班主任吧！我们忘了给她留饺子，她现在快要饿死了……'"学生再次笑翻。班长说："就知道瞒不了您，那些饺子确实是我们讨饭讨来的。"

回到办公室，同事埋怨我："你明明可以和学生在一起吃饺子，偏偏要偷跑回来让人家忘了你，然后再让学生给你讨饭。你呀！你就是个喜欢折腾的人。有故事了与学生演绎故事，没故事你也要折腾故事……"

但是，你告诉我，经过那一番折腾，学生是不是进步了？师生感情是不是更深厚了？回首往事是不是更有趣了？这样的师生交往充满了欢笑、感恩、友爱、甜蜜，属于润物无声式的教育。我和学生在"给"的同时，都收获了幸福、快乐和成长的愉悦。这便是诗意地栖息在三尺讲台上，过一种有情趣的教育生活。

# 第四章　组织班级活动的5个策略

踏遍千山万水，才知道道路有短有长；经过世事变幻，才明白情感有喜有伤；品过人间百味，才体会到万物有涩有凉；参与过丰富多彩的班级活动，才能将课本上的知识转化为自己的观念——这便是班级活动的意义：很多道理我们说一百遍，不如让孩子们亲自体验一次。

如何让班级活动为班级管理服务？以下策略为您解惑。

## 引子：知行统一，格物致知
### ——班级活动的意义

人生是需要体验的。如果光是叙述各种道理与格言，而自己没有去体验，最后还是只能在知识的迷雾中打转。相反，如果一个人真的能够知行统一、格物致知、印证价值，那么随着生命的成长，他的经验将越来越丰富，对人生的体验、对价值的掌握也会越来越深刻、准确。

中职学生涉世浅，中职生涯是他们从"学校人"转变为"社会人"最关键的时期。让他们在学校的活动中就将一些观点印证为自己的价值，非常有必要。

我是在 2014 年的《读者》上发现《治陋习》(作者是赵文恒)这篇文章的，原文如下：

最近华盛顿一所私立女子学校的校长遇到了麻烦事，这些 15 岁左右的小女生开始涂抹口红，她们喜欢在洗漱间精心打扮，把口红涂在嘴唇上。按理说爱美是女人的天性，本无可厚非，但这群小女生涂完口红后，习惯性地用嘴唇吻一下镜子，留下无数个小小的唇印，很是刺眼。每天晚上，学校里的清洁工都要费很大工夫才能将唇印擦除，但第二天，这些唇印照样出现。

无奈之下校长发出通告，鉴于唇印给清洁工增加了负担，希望大家改正这一陋习。小女生们也意识到了这一点，刚开始唇印确实销声匿迹了，但过了不久唇印又出现了。校长很生气，她一声令下把所有女生都召集到洗漱间，并让清洁工当面演示擦拭镜子的困难，但调皮的女生们根本听不进去，她们找出很多狡辩的理由，校长无奈地摇摇头，心里暗想是否需要再招一名清洁工。

临走时，清洁工拿出一个拖把，若无其事地在马桶里蘸了一下，然后一本正经地开始擦拭镜子，校长看到这一幕，但装作没有看见，一声不吭地离开了。

从此以后，镜子上再也没有唇印了。

有清洁工，然后有老师……最后才是教育家。

我相信读者看完这篇文章，会和我有相同的表情——先是莞尔一笑，继而陷入深思：有活动实践，然后有传道、授业、解惑……最后才是真教育。

或者说：没有实践，只有说教……算不上教育。

那么，我们怎样让学生在实践中获得知识呢？

《大学》有云："物格而后知至，知至而后意诚，意诚而后心正，心正而后身修……"

千百年来，大家对"格物致知"的理解众说纷纭。其实，何必费那么多口舌呢？《治陋习》这个小故事就足以说明所有问题了：对于一个道理，如果教师苦口婆心地摆事实、讲道理没用，不如让学生亲自考察一番、体验一次，这样就可以获得"不能将唇印印到镜子上"的结论。这就是"格物致知"。"格"有规矩、规律的含义，因为自古以来，窗子也好，门也好，家具也好，"格"子都是方方正正的，所以，"格物"就是凡事按照规矩办。在学习、生活中，坐椅子时别随便，摆正再坐，坐姿端正了，上课听讲不容易开小差；停车不能随便停，要停得正一些，这样既方便了别人出入，自己的车也安全；课堂上不随便说话，想好再开口；回答问题时声音不要太大，也不能太小，恰到好处才行……女孩子抹完口红后，不能随便吻镜子，这样自己卫生，也不会给清洁工增加额外的工作量……获得这个结论后，就可以诚心实意地践行，然后心正，然后身修……

这就是格物致知。这就是知行统一。这就是班级活动的意义所在——很多道理我们说一百遍，不如让孩子们亲自体验一次。

中职生来到学校，既要学习文化课知识，也要掌握一技之长，还要认识并利用世间万物内在的规律，接纳并遵守秩序社会的规矩，或者说要明白什么是"格"，如何去"格"。吃饭、停车、说话、走路都是生活中再平常不过的小事，都要按"格"和"标准"来，那些大事就更不用说了。生活中的一切待人接物的事都依"格"而做，做事不出格，做人有人格，就会自然而然地"致知"。

但是，正值青春期的孩子很叛逆，最不喜欢被约束。怎样才能让学生在活动中明白这个"规矩""规律"或者说"格"对自己很重要并且很必要呢？

唯有搞班级活动。

比如，如前文所说，我带过的每个班级，过冬至都要包饺子。现在我们的条件好了，煮饺子是借用学校食堂的大火、大锅，学校其他班级那天也会包饺子。但是在1997年，只有我们班过冬至包饺子，我们是在教室里煮饺子。那时，学校每个办公室都生煤球炉，我便和学生一起把办公室里的煤球炉搬到教室里来,每个寝室分一个炉子。包饺子的面粉、肉、韭菜及调料等也分到每个寝室,让学生自己生火、调馅儿、包饺子,我的角色是顾问和评委——指导同学们包饺子,并评出哪个寝室包的饺子最好吃。

结果,1997年冬至那天晚上直到9点,还有一个寝室里的学生没吃上饺子,因为他们都不会生火。

这就让学生在活动中得出一个结论:没有技能,是要挨饿的。

这是一个"格",它告诉学生:我们必须依照客观规律,掌握生活技能,才可能提高生活质量。

另一个寝室里的饺子馅儿没有调匀。因为他们没有听我的建议——调馅儿的时候朝着一个方向搅拌,既能搅拌均匀,又能搅得筋道。但是他们不信,胡乱搅拌,导致有的饺子淡而无味,有的饺子咸得要命。

这让他们明白一个道理:不善于采纳前人的经验,很容易走弯路。这也是"格"。

还有一个寝室里的学生包的饺子皮太厚了。当时我也曾提醒学生说:"我们买的面粉是饺子粉,很筋道,饺子皮一般不会破……"但是,一个比较会干家务的孩子对同寝室的人说:"别听咱老师的话。老师在教书方面是内行,在做饭方面就未必比我妈妈强。我妈妈告诉我,饺子皮要厚一点才不会破……"结果他们寝室的饺子皮结实得很,大家都把馅儿吃掉了,皮却难以下咽。活动结束,我在垃圾筐里发现了好多饺子皮。

这也是一个"格",告诉同学们:对于不同的建议,要分析一下哪一个更适合自己。这就好像小马过河,小松鼠告诉小马河水很深,而黄牛却告诉小马河水很浅。河水究竟是深还是浅,小马分析一下就知道了:松鼠比自己小很多,所以认为水深;而黄牛比自己高大,所以认为水浅。事实上,小马自己过河的话,水既不是很深,也未必就很浅……这个学生的妈妈和我都有一个角色——家庭主妇,究竟包饺子的建议谁的正确?学生的妈妈包饺子用的是自己家的普通面粉,饺子皮容易破;而我包饺子用的是饺子粉,和班级包饺子用的面粉一样，同学们自然应该听我的建议。

仅仅一个包饺子的活动，就让学生得出了这么多的结论。

除此之外，班级活动还能够增强学生的规则意识。中职生频频违反纪律，一些成年人违反交通规则，都是因为规则意识欠缺。

培养规则意识的最佳时期是什么时候？——幼儿园或者小学。

培养规则意识的最佳方式是什么？——做游戏。

比如，我的孩子两三岁时，和我一起玩堆积木盖房子的游戏。他一看我盖房子比他快，很不乐意，跑过来哗啦一声就把我的房子推倒了。换成有的家长，可能不会介意，心想：反正我的任务就是陪孩子玩，他把我的房子推倒就推倒了吧！我再继续盖。但是，这样一来，孩子的规则意识就得不到培养，他将来会见不得别人比自己强，会故意破坏别人的劳动成果。社会上这样的成年人太多了。所以，我一看见他把我的积木推倒了，就跑过去把他的积木推倒。孩子于是边捡自己的积木边号啕大哭，我也在一边假装哭。然后两个人继续堆积木。这一次，我还是比孩子堆得高。孩子一看，跑来又一次把我的积木推倒了，我也马上跑过去把他的积木推倒。他哭，我也哭。这样直到第三次，当我的积木堆得比他高时，孩子自言自语地说："妈妈的，不推；宝宝的，也不推。"

这就让孩子学到了"愿赌服输"的规则意识，让他明白了什么是"己所不欲，勿施于人"。

我们的学生已经十五六岁，已经错过了培养规则意识的最佳时期，让他们在班级活动中体验到种种规矩、种种"格"为时未晚。根据我个人的经验，如果学生违反纪律了，老师带领全班同学都反对他（她），一来违纪学生不服气；二来班里的其他学生也不一定配合。但是，如果在班级活动中有同学违反游戏规则，不用老师说，全班同学都会群起而攻之。这样的"围攻"带着游戏的成分，很容易被学生接受。

总之，人生如戏，人生的问题需要靠自己在游戏里、在班级活动中或在生活中去印证。只有经过实践印证的价值观才能真正成为自己的价值观。

比如，老师对学生说："能够帮助别人，就算牺牲自己的一点点享受，也是很快乐的事情。"如果有一天，在载满人的公交车上有一个老太太上车，这时学生正好有个座位，坐得很舒服，他的心里就开始挣扎："到底要不要让座位呢？"他有两个选择：如果选择不让座，那就无从印证老师上面这句话的真假；如果选择让座，那就是选择"印证价值"——也许当他站起来把座位让给老太太的时候，会觉得豁然开朗，觉得自己展现了人格的尊严，从此以后他就相信，原来帮助别人真的是快乐的。于是这个道理就变成了他的真理，因为它的价值已经得到了证明。

人生是需要体验的。如果光是叙述各种道理与格言，而没有自己去体验，最后还是只能在知识的迷雾中打转。相反，如果一个人真的能够知行统一、格物致知、印证价值，那么随着生命的成长，他的经验将越来越丰富，对人生的体验、对价值的掌握也会越来越深刻、准确。

可惜的是，很多人活到中年甚至老年，他们口口声声坚持的一些观点都没有变成自己的真理。比如，现在有一个很时髦的提倡——"终身学习"，许多老师、领导都要求学生"终身学习"，但是他们自己并没有学习的习惯，甚至身边有爱学习的同事，还认为他们书生气、书呆子，还不如喝酒、打牌、玩电子游戏。这样，他们对"终身学习"的提倡怎么能让学生信服呢？学生如果不去实践、验证，又怎么能将这一观点转化为自己的真理？

中职学生涉世浅，中职生涯是他们从"学校人"转变为"社会人"最关键的时期。让他们在学校的活动中就将一些观点印证为自己的价值，非常必要。

班级活动除了有以上意义，还是组织、建设良好班集体的有效方法，能促进学生全面发展，有助于学生发展特长，增长才干；有助于学生增强体质、强健体魄等，在此不做赘述。

班级活动的意义这么多，如何去策划、组织？

且看以下策划卓越班级活动的5个策略。

## 策略25：以面带点
### ——班风建设中的"大"和"小"

班风建设中最常用的方法，是先在班会上与学生讨论，即大面积引导，防患未然；然后在班级遇到状况后做"小范围谈心"。

班主任工作林林总总、纷繁复杂，大致可以分为三大块——班风建设、班级日常管理、问题学生诊疗。不过，十几年的班主任工作经历告诉我，班主任只要做好了第一项工作——班风建设，后两项工作便能从容面对。

我在班风建设中最常用的方法，是先在班会上与学生讨论，即大面积引导，防患未然；然后在班级遇到状况后做"小范围谈心"。简言之，"一大一小"。

先来谈"大面积引导"。

新生入校，我在班会上让学生思索：同学们上学的任务、目的究竟是什么？

学生一般会很乖巧地回答：为了学知识、长本事、将来有个好前程，等等。这样的回答当然不算错，不过我会在肯定他们的同时，委婉地指出：同学们来上学的主要目的是健康、快乐地成长，它包括学知识、长本事，但关键词是要健康、要快乐、要成长。

学生能在顷刻间心领神会，还给我一个幸福的微笑。如此，我们的班风建设的目标便很明确——让班集体里的每个人都健康、快乐、成长，班会主题也总是围绕如何"健康、快乐地成长"做探讨。

比如，我曾经召开过一个主题班会"天底下的三件事"。班会前我播放了一个幻灯片，说："天底下其实只有三件事。第一，是自己的事。要不要学习，天气变化后要不要增减衣服，吃什么东西，开心不开心，要不要帮助别人等，凡是自己能主导的事，都是自己的事。第二，是别人的事。比如，小张好吃懒做；小李来自单亲家庭；小刘对我不满；我帮助了别人，别人却不感谢，等等。凡是别人能主导的事，均属于别人的事。第三，是老天爷的事。比如，地震、刮风、下雨、战争等，凡是人力不能解决的事，都属于老天爷的事。人的郁闷一般在于：忘了自己的事，想干涉别人的事，担心老天爷的事。如此，我们要快乐开心很简单，只要打理好自己的事，不去干涉别人的事，不操心老天爷的事，足矣。当我们烦恼的时候，要问一下自己：这件事究竟是谁的事，我应该怎样调整？

课件放完，我们开始讨论。同学们稍一思索就知道了：写作业、认真听课、早上跑操等，都是自己的事，不应该让老师、班干部整天催促着去做。每个学生都要学会为自己的未来负责。如果某个学生因为迟到、旷课、不学习被老师批评，因受批评而郁闷，就要想一想，这都是因为没有做好自己的事所导致。这也就是我们平时所说的"静坐常思己过"。

学生一边讨论，一边听，一边笑，一边点头。

接下来我们讨论哪些是"别人的事"。同学们在这个环节明白了，一个人最大的个性是尊重别人的个性，要允许别人和自己不一样。在生活中不要总议论别人如何如何不好；自己帮助了别人，也不能要求别人必须怎样感谢自己。因为，帮不帮，是你的事；人家感谢不感谢，却是人家的事。生活中还有一些"长舌妇"，整天不干自己的正事，就喜欢坐在一起东家长、西家短地说别人的坏话。想一想，你说了别人的坏话，别人听到了，当然会对你有意见，会对你说一些更难听的话，你又怎么可能开心？

学生一边附和我的话，一边点头，深叹"宽容"和"兼容并包"的重要性，理解了何为"闲谈莫论人非"……

班会继续进行，一个同学忽然站起来说："老师，按照您的说法，学习既然是我的事，那么我不好好学习的时候，我旷课、迟到的时候，老师您就不能批评我。因为迟到、旷课是我的事，老师不该管别人的事。"

同学们一下子愣住了，他们本能地感觉这种说法不正确，却又不知道怎么反驳。

我暂不回答，只让大家讨论。

过了一会儿，一个男生轻声地说："学习是我们自己的事，但是管理班级、严格要求学生却是老师的事。"有了这个小小的提示，马上有反应快的学生继续引申："如果我们没有写作业老师也不管不问，那就是老师没有做好自己的事，老师会受到领导批评，会使家长不满，会导致班风不正，老师会更被动……"

我鼓掌说："完全正确。学习、值日、写作业、锻炼身体等，是你们的事，但是要求你们认真学习、好好听课、认真写作业、积极打扫卫生等，却是教师和班干部们的事。如果你们做不好，我们却不要求、不批评，那才是我们最大的失职，是我们没有做好自己的事。"

学生纷纷点头——这样的讨论自然强过空洞的说教。

我们继续讨论第三件事——老天爷的事。

有个同学举例说：有的人爱生气，连老天爷的气也生。比如，今天他想去逛街，希望天气晴朗。但是，一早起来，天空阴云密布，转眼间下起了淅淅沥沥的小雨，他很生气……马上又有同学说："今天早上某某还在生老天爷的气呢！因为他想睡懒觉，他希望天下雨，就可以不跑操。但今天是大晴天，他起床的时候气急败坏……"

大家都笑了，纷纷说这就是自寻烦恼。

我也笑说："有时候，我们很努力，成绩也很优秀，偏偏没有机会成名。或者因为我们河南人口众多，考大学压力很大，有的人就开始怨天尤人，感觉自己很倒霉，似乎天底下谁都对不住自己……但是，你目前改变不了这样的现状，生什么气呢？真正能得到快乐的，是做好自己的事。"

……

这个班会开得很成功，属于典型的大面积引导，同学们对"天底下的三件事"理解得很透彻，后来常常将之运用于生活中。

比如，我们学校规定每天晚自习后，值日生要拖教室的地板，包括走廊。有一天晚上9点多，我接到了某寝室长的电话，说："老师，今天晚上两个值日生没有拖走廊的地板，我刚才已经替她们把地板拖了，明天的教室卫生不会被扣分，但这件事您应该知道……"

第二天早上，我把没有拖地板的两个女生叫出来，问："昨天你们值日了吗？"

答："值日了。"

我又问："地板拖了吗？"

一个女生回答："拖了。"

我不说话，只是用很真诚的目光看着她们。片刻后，另一个女生回答："我们没有拖走廊的地板。"

我点头："是的，你们没有拖走廊的地板，谁的事没做好？"

两个女生说："我们的事没做好。"

我说："咱们班干部在检查卫生值日情况的时候，替你们拖了地板，并把这件事告诉我。你们说，班干部做得怎么样？"

"她尽到了班干部的责任，还替我们值日，她做得很好。"

我点头："如果我知道了你们没有拖地，却不批评你们，你们感觉我做好自己的事了没有？"

"如果不批评我们，以后还会有人不认真值日……"

事情就在这样的讨论中结束了。有时，我听别的班主任说自己班的同学孤立了班干部，认为班干部是"奸细"，总向老师告密等。其实，当全班同学都明白，自己挨批是因为自己的事没做好，而班干部发现问题及时向班主任汇报是在做他本职的工作、分内的事情，也就没有人怨恨班干部，更不会有人对老师的批评不满了。

再如，我们学校规定了不准学生戴首饰，但是有一天早上，学生会干部却发现我班男生小西的手上戴了一枚戒指，便说："请把戒指取下来。"这本是很有礼貌、很正常的一句话，小西却感觉没面子了——青春期孩子的面子一向是个大问题——用全班同学都能听见的声音嘀咕："就你眼尖！"我忙制止："小西，你怎么说话呢？人家的建议是正确的。"

小西说："他算老几，也来管我？"

我说："他是学生会干部。"

小西说："学生会干部也是学生。"

我说："学生会干部在和你玩的时候，是学生，但他现在是在代替学校执行校规。你戴戒指不符合校规，他的建议是正确的。"我将目光投向同学们："你们说小西现在苦恼的根源是什么？"

学生纷纷回答："是他没有遵守校规。"

小西知道自己理亏，却说："你们说得对，但我也可以有自己的观点吧！"

我说："你当然可以有自己的观点，但你的观点是错误的，所以你现在不但被学生会干部批评，还被老师和全班同学批评。"班里的学生纷纷露出了笑容，我这句话涉及了另一个班会"追求阳光心态"，在那个班会里，我们谈到了心理学家艾利斯的"合理情绪疗法"。

正值青春期的孩子有逆反心理，他们要求平等，渴望体验获得真理的愉悦。班主任遇到学生犯错，只是一味地批评、惩罚、说教，学生必然不服气，远不如这样在班会课上引导后，遇到事情结合引导过的话题，与学生一起分析、探索。何况，在学生犯错后，老师只是引导他探索如何更健康、更快乐，这样的谈心学生自然不反感；这样的班级往往弥漫着平等、尊重、理性、自主的氛围。学生能时时体验到探索真理的乐趣，班风会越来越正。班级管理有了科学的成分，老师便不再忙乱，解决学生的问题时思路也会更清晰。

## 策略 26：自主教育
### ——班级活动的最佳方式

在这个班级里，每个人都是教育者，每个人又都是被教育者——包括班主任在内。……在整个投票的过程中，我们都是好孩子，我们都有自尊、自信……之所以选择的结果不同，是由于我们道德发展的阶段不一致。

广西新闻网 2010 年 4 月 26 日报道，15 岁女生雷梦佳和同学打架，老师发动全班同学投票，决定是让她留下来学习还是请家长将其带回家教育一周。在得知大部分同学投票建议自己回家接受家庭教育后，15 岁的花季少女留下遗言，投渠自杀。

网上一时众说纷纭，不约而同地将矛头指向自主管理和集体教育。比如有人质疑：学生自主管理的底线在哪里？一群未成年人能否决定一个未成年人的命运？为什么自主管理和民主教育的"龙种"到了雷梦佳的班级就成了"跳蚤"？

作为一名一线班主任，我在为雷梦佳失去生命而惋惜、悲伤的同时，备感震惊，万分惶恐。因为我对自主管理和民主教育也情有独钟，雷梦佳的班主任所做的事情——让学生投票决定某学生何去何从——与我曾采用的方法何其相似！

痛定思痛，我翻开以前的班级日记，思索我的集体教育从何时开始，我为什么选择这样的教育方式，它在我的班级里为什么没有变成"跳蚤"。

2009 年之前，我们学校还是六天工作制，每周日休息一天，目的是不让外地学生每周都回家（职业学校没有升学压力，学生的学习习惯不好，总喜欢有事没事就请假回家，并且不能按时回来。职业学校因其特殊性，不便随意处分学生）。班里的学生小静下周二过生日，她这个周六下午就想请假回老家。我担心她周日下午赶不回来上晚自习，以后同学们都会向她学习，想都没想就拒绝了。学生们生气了，私下里说要开我的"批斗会"（有开玩笑的成分）。

于是，我们在班会上讨论此事。

琳琳说："老师您为什么不批小静的假？"

我也说："是啊，我为什么不批小静的假？她不会耽误上课的啊！"

学生迷惑，我也继续装糊涂，问："谁来说一下，我为什么不批她的假？"

有人小声回答："怕我们以后有事没事都找您请假吧！"

我说："还有呢？"

没人说话。

我说："还有，我怕她不能按时回来。上周日就有人回家后没有按时返校，我害怕了。"

别的同学纷纷说："不会的，老师，我们相信小静不会旷课的。"

我说："哦！相信小静能按时返校的同学举手。"

全班同学都高高地举起了手，我对小静说："你现在回头看看有多少人相信你、支持你。"

小静笑着说："老师、同学们都放心吧！我这次若能回去，一定会按时回来的。"

我转向同学们："现在，同意小静回家的举手。"

全班同学又一次高高地举起了手。

我对小静说："你再看看，有多少人支持你请假，希望你不要辜负了同学们对你的信任……"

那个周日，小静果然按时返校。

所以，我们在教学生活中遇到的所有的事情，都可以是一个教育契机。小静想回家过生日，我们班进行民主投票，结果是：所有同学都相信她——毋宁说希望她——能按时返校。这里的每一个人都得到了尊重。小静感受到了全班同学的支持，怎肯辜负她们的期望？如果没有经过同学们举手表决，小静能否按时返校我就说不准了。这样的自主教育与班主任孤军奋战,哪一个更接近教育的真谛?

也许有的读者会说:你这篇日记不能说明问题。小静请假回家和雷梦佳被迫回家接受"家庭教育"怎能相提并论?

无独有偶,我也曾遇到过让全班同学决定一个学生去留问题的案例。学生佳佳旷课、撒谎、借钱不还、打架……犯下了很多错误,她本来说要退学,却在回家一段时间后又要回来……

那天佳佳的妈妈一大早打来电话,说:"老师,佳佳已经回学校了,您让她进班吧!"我只感觉心头火往上冒。佳佳的妈妈说话好轻松,我的学生并不是只有佳佳一个,我们的班规规定了一月内旷课两次要请家长的。佳佳本学期才上了两周的课,说一声要走,连招呼也不打,就把自己的学习用具搬走了;如今说一声要来,她妈妈只打个电话……莫不是把学校当成了集贸市场,想来就来,想走就走?

我转念一想:学校是不会轻易劝退学生的。职业学校的生源向来是个大问题,任何一个班级流失的学生多了,领导都会对班主任不满。现在学生要回来上学,老师岂有不准?我很清楚,现在的问题不是佳佳是否能回来,而是她如何回来,是我如何向我们班的学生交代。她曾经违反过多少次纪律啊!几次烂醉如泥,借钱不还,撒谎成习惯,旷课、迟到,她还有离家出走的习惯。如果就这么让她轻松地回来,她怎能接受教训?如果其他学生向她学习,违反了纪律,我该怎么处理?一旦她再次离校出走,我怎能承担得起责任?

来到班里,我毫不隐瞒自己的焦虑,对学生们说:"佳佳又要回来了!本来她家经济拮据,父母不想让她上学,但她铁了心要来学校,所以……"我把真诚的眼光投向学生:"说句实话,我现在不知道该怎么做。按照我们的校规,她早应被开除,但她渴望回到这里,学校领导也没有开除她的打算……班级,应该是大家的班级,佳佳能不能回来,我想听听同学们的意见。如果大家认为她该走,我绝不留她;如果大家认为她该留,说出一个留她的理由和方法来……"

　　学生的意见收上来，结果不出我所料，有效票40张（有的学生当时不在教室），25人同意她留下来，但需要接受一定的惩罚，以此为戒；15人不赞成她回来，因为她已经"再三再四"地违反纪律。

　　这样的结果正是我所希望的（事实上，我根本就没有决定佳佳去留的权力，只要她想回来，学校一定会收的）。但是，我不能明说。如果不经过投票，由我说出"佳佳应该留下来"这句话，依我们班那群辣妹子的脾气，私下里肯定会议论纷纷，班级的邪风也会如热带雨林的植物般疯长。所以，我选择让她们投票决定。从另一方面来讲，也是希望学生学会多方面地考虑问题，并参与到班级管理中来。

　　但是，集体教育若仅仅停留于此是不够的，我要把每一件事情都当成教育的契机。接下来，我把赞成佳佳回来的同学写下的原因读给同学们听。

　　（1）我很理解老师的处境。佳佳违反纪律，不能不罚，但也不能撇下她不管。您让她回来吧！学校毕竟比社会好一些，她走出去肯定会学坏的。您可以给她一些处罚，别让同学们感觉您护着她，也不能让大家觉得过分。要给其他同学一个警告，以免别人跟着学。

　　（2）老师您在佳佳身上花的工夫够多了，这都是为了她好。我希望她能回来，更希望她能认识到自己的错误。

　　（3）让她回来吧！毕竟她是学生。但回来之前必须和她说好条件，否则就再让她离开，就像菁菁当初一样，必须让她遵守班规。

　　（4）我认为这件事应该取决于她自己，让她在这个班里试待一个月，如果还不行，那就……这些必须让学校领导做个见证人。佳佳这个人应该是挺不错的，如果她自己能坚持，应该会很出色。所以我希望您再给她一次机会。

　　（5）还是让她来吧！要不老师您在中间也挺为难的。

　　（6）来！佳佳本质是好的，只是懒散惯了，老师您再努力试试吧！

　　……

读完这些,我真诚地说:"谢谢同学们。谢谢那些反对佳佳回来的同学,你们坚持了原则;谢谢那些赞成佳佳回来的同学,你们有着宽广的胸怀和爱心。我相信你们和老师一样,对佳佳充满了关心、期待。你们现在就把对佳佳的关心和期望写下来,等佳佳一回来,我们就送给她,好吗?"

……

这个过程体现了真正的民主——少数服从多数,多数尊重少数。在这个班级里,每个人都是教育者,每个人又都是被教育者——包括班主任在内。谁敢说老师作为成年人就一定比学生高尚?我就常常被学生宽广的胸怀、纯洁的心灵打动、净化。在整个投票的过程中,我们都是好孩子,我们都有自尊、自信……之所以选择的结果不同,是由于我们道德发展的阶段不一致。

也许有的老师会说:"一旦学生的投票结果和雷梦佳的情况一样,多数人不赞成佳佳回来呢?那时你怎么办?"

万事的形成皆是有因的。从心理学家柯尔伯格的道德发展理论来看,反对佳佳回来的学生,其道德发展处于柯尔伯格的第二个道德发展水平——"习俗水平"的第二阶段:"处于这一阶段的个体开始从维护社会秩序的角度来思考什么行为是正确的,认识到每个社会成员都应当遵守全社会共同约定的某些行为准则,即强调对法律和权威的服从。"

赞成佳佳回来的学生,处于柯尔伯格道德发展的第三水平——后习俗水平,包括第五、第六两个阶段。

第五阶段:社会契约定向阶段。处于这一阶段的个体认识到法律不再是死板的、一成不变的条文,可以通过共同协商和民主的程序来改变。如果一个人感到法律有失公平,就有权利通过正当途径说服别人改变法律。

第六阶段:普遍道德原则的定向阶段。处于这一阶段的个体,其认识超越了法律,认为除了法律以外,还有诸如生命的价值、全人类的正义、个人的尊严等更高的道德原则。

我们只有深刻理解了柯尔伯格的道德发展理论，并清楚自己的学生正处在哪个道德发展阶段，才能对学生、对班级进行有效的引导。换句话说，就是引导学生的道德向柯尔伯格所说的"后习俗水平"努力。

在集体舆论健康的班级里，大多数学生的道德评价、是非判断与班主任是一致的。也正因为如此，班主任可以坦然自若地尊重学生们的选择权。从表面上看，教师对学生的选择"放任自流"，而实际上教师已通过平时的教育引导，不露痕迹地决定了学生们的正确选择——教育者的理智与艺术正在于此！

让学生通过投票决定班级事务是没有错的，因为班级有自己的生命，学生是第二自然。老子说："地法天，天法道，道法自然。"不尊重学生的思想的教育，很难培养出有自尊心的人才。遗憾的是，雷梦佳的班主任也许没有预料到投票的结果，他是在被动地接受结果。他本来对雷梦佳不错，他根本无意伤害她啊。

现在，对比雷梦佳去留的选票和佳佳去留的选票，可以看出来，我不但让学生投票，还写出了投票的原因，即为什么反对她回来，又为什么赞成她返校。我们的学生毕竟单纯，很多时候思考片面，这一个"为什么"就是引导他们理智一些、深刻一些，多做换位思考。这样就避免了"集体无意识"的弊端。

"集体无意识"是社会心理学的重要概念，心理学家弗洛姆说："在人类历史上，大部分社会的特征都是少数人统治大多数人。但是少数人要统治多数人，光靠行政措施是不够的，还要从思想上使大多数人接受统治的合理性，这要依靠各种解释、承诺和谎言来达到，使其成为大多数人的集体无意识……"

我们在生活中的好多口号都属于集体无意识，比如"班级荣誉高于一切"这句话。事实上，班级荣誉真的就高于学生个体生命的尊严吗？当我们深入思考这句话的时候,就能发现其漏洞,就能避免其弊端——在学生个体尊严和班级荣誉发生矛盾时,一个老师怎么去选择,其实就决定了他(她)是个教育家,还是个教书匠。

集体无意识有利也有弊,其利在于它具有凝聚力,能凝聚一个民族或群体同心同德,向共同的目标前进,这不仅仅是有利于统治者,如果这个目标可以造福大多数人,对人民当然也是好事。集体无意识对班集体建设的好处更多,但也有其副作用,因为它束缚了自由思想的发挥,一个社会需要不断进步,创新思想是关键,集体无意识的巨大杀伤力往往会把新思想扼杀在萌芽之中。

集体无意识的弊端其实很容易成为集体教育的弊端。当班级的所有同学都认为雷梦佳为自己的班集体抹了黑,就很容易忽视雷梦佳本人的感受。

雷梦佳的父亲认为:"老师如果是打她(雷梦佳)一顿,她也不会投河,关键是学生投票,伤了孩子的自尊……"

其实,雷梦佳的老师在组织学生投票的结果出来后,依然可以组织学生写下他们对雷梦佳的期望和关心(投票建议她回家接受家庭教育,难道就是不关心她吗?孩子的习惯养成本来就需要一定的奖惩)。这样一来,雷梦佳也许就不会感觉自己在学校里孤独无助、脸上无光了。培养孩子是家长和老师共同的责任,让她回家冷静一下,接受父母的教育,也是一种教育方式。

所以,别再说自主教育在学校里暂时行不通。一个接受专制教育的学生走向社会,怎么可能成为有民主意识的公民呢?一个在学校事事被动接受老师、家长安排的学生,怎么可能自主、自强、自立呢?当学生在学校就学会了明辨是非、自强自立,班主任的班级管理工作自然就能轻松自如。

## 策略 27：巧妙询问
### ——给学生辩论的平台和机会

引导学生辩论，最有效的方法是询问。倘若你想让学生就某一观点畅所欲言，就一定要用"为什么""如何""怎样"等开放式询问的词语；倘若你想了解事情的重点，就要用封闭式询问，让学生在几个答案中选择。

春暖花开，草长莺飞，又到了幼教学生选择实习单位的时候。

中国自古有"宁当鸡头，不做凤尾"的俗语，这段时间同学们总在讨论自己究竟是做"凤尾"还是当"鸡头"。

我索性把它提到班会上来讨论。

有人说，当然是做"凤尾"比较好，到一个好的幼儿园上班，发展空间很大，会养成终身学习的好习惯。

我赞同。

又有人说，还是当"鸡头"比较好。在一所普通幼儿园，如果表现出色，可能会有更多的培训机会。若在好的幼儿园，就算有了接受培训的机会，哪里会轮得到我们呢？

我也赞同，却又问："怎见得在好的幼儿园就一定缺少接受培训的机会呢？"（这句问话属于心理咨询中的"开放式询问"，即老师顺着学生的问题问"为什么""如何""怎样"等，用于了解原委、动机、因果、感受，可以打开学生的话匣子。）

有学生站起来说："前段时间我们学校的一株碧桃开花了。因为整个校园里就只有一株碧桃，其他花木还不到花期，所以它引起了全校所有同学的赞叹、关注，很多人为它拍照或与它合影留念。其实离我们学校不远的绿荫广场上有许多碧桃，却因为其他鲜花烂漫，碧桃在那里就不够引人注目了。我认为，碧桃开在我们校园里备受关注，就如同当了鸡头，风光占尽；碧桃开在绿荫广场上,就如同做了凤尾,备受冷落。所以,我认为做凤尾不如当鸡头。"

多数学生默默地点头。

我不死心,问:"对于这位同学的说法,大家有不同的意见吗?"(这句问话属于心理咨询里的"封闭式询问",老师提出选择性问题,然后询问:是不是?对不对?要不要?它主要用于强调重点,学生只回答一两个字,或摇头、点头就行。)

没有人作声。也许大家隐约感觉此话有偏颇之处,却不知道如何反驳。

我说:"大家真的认为满院都是绿草,仅仅你一朵鲜花绽放,就会备受关注、赞美吗?中国还有一句古话:木秀于林,风必摧之。"

学生点头:"一棵树比别的树秀丽、挺拔,很容易遭到风吹雨打。一个人在单位里过于优秀,没有同行者,将很孤独,且容易遭遇挫折。"

我问:"你们认为这个挫折可能来自哪里?根源何在?"(这句话依然是开放式提问。)

"'鸡头'或'碧桃'恃才傲物。"

"为什么'鸡头'或'碧桃'会恃才傲物?"

"因为他觉得自己在那个小环境里很优秀。"

"这种错误的认识会导致什么结果?"

"会阻止他发展。"

又有人补充:"可能被人忌妒。"

我总结道:"所以当'鸡头'未必就如你们想的那么好。"

学生点头。

我又问:"不过任何事物都有好的一面和坏的一面。当'鸡头'除了备受关注,还有什么好的一面?"

学生愣着,不知道怎么回答。

我说:"它可以用自身的美丽、乐观、热情等感染、唤醒百花齐放啊!"

学生纷纷点头："对！'鸡头'或'碧桃'若能用自己的优秀感染身边的人，将先进的教育理念带到普通幼儿园，让小小的校园成为花的海洋，则善莫大焉！"

……

关于"做鸡头"还是"当凤尾"的辩论很成功，下课后，学生还感觉意犹未尽。正值青春期的孩子，思辨能力在飞速发展，他们渴望多元又全面的观点。在整个辩论中，老师需要让学生明白的是：辩论的目的不是要分出谁是谁非，而是要培养缜密的思维，每个人都可以有多种选择，因为真理永远是相对的，世间的很多讨论根本就没有标准答案。我们不能说谁对谁错。否则，学生会吵得面红耳赤，并钻进牛角尖里。同时，这种辩证法也告诉同学们：人的心灵要永远保持开放，才能往上提升。就算我们今天选择这样的生活，也必须给自己保留其他更高境界的可能性。在还没有达到那些境界之前，不应该先去否定或者怀疑——今天你可能想当"鸡头"，说不定半年后就觉得做"凤尾"的发展空间更大。

这样的辩论经常出现在我的课堂上。

比如，我们曾在班会课上辩论一个人在单位里，究竟是"德"重要，还是"才"重要。正反双方均为自己的论点找到了有力的论据。支持"德比才重要"这一观点的学生说：有一个很有才华的青年，为了一己私利，制造了一种计算机病毒——熊猫烧香，导致无数计算机崩溃，造成很大损失。可见一个自私自利、道德败坏的人，越有才华，越可能祸害人类……而支持"才比德重要"的学生说：一个人若没有知识、才华，便很容易被人愚弄，且他们的行为会受到见识、观念等的限制，好心也可能"办坏事"。比如：我们到一些景区游览，常常听导游说某某雕梁画栋存在了上千年，是人类文化的瑰宝，却因为红卫兵的无知、无畏而被破坏；我们常听说一些很认真、很负责的老师，因为不读书、不接受新思想，导致教育理念陈旧，教学水平一般，且很容易和学生产生矛盾……

这些都成为各自论点的有力论据。

接下来，就谈到了"合"，同学们相互妥协并达成一致，认为才和德本是一个人在职业生涯中不能分离的两部分，就如同天上的月亮与太阳，或者人间的黑夜与白昼。应该说，"德"决定了我们的方向，而"才"决定着我们发展的空间、高度。一个单位里最受欢迎的员工是有德有才的人，他们被称为"马"；其次是"有德无才"的人，他们被认为是"牛"，任劳任怨、谨慎踏实。一个公司要发展，"牛"也是必不可少的。前面由"马"做先锋，后面有"牛"做支撑，这个单位的前景将很不错。第三种是"有才无德"的人，被称为"狗"。这样的人也很容易被单位领导重用，因为"狗"有才华啊！但领导一旦重用了"狗"，单位发展必将受到限制。因为"狗"是小人，小人当道，必定会陷害好人。单位里还有第四种人——"无德无才"的人，他们被称作"猪"，既没有才华，又没有品德，什么活儿都干不成，没有开创意识，却整天牢骚满腹。一个单位里这样的人多了，注定要倒闭。

所以，英明的领导会"骑马牵牛，打狗赶猪"。

临下课时，我请同学们对号入座，并说："在我们班，你属于哪一种学生？你的努力方向在哪里？将来在单位里，你希望自己成为哪一种人？十年、二十年后，倘若你已经成为领导，又会怎样为手下的员工分类？我希望同学们将来在不顺心、不如意的时候能自问：我为什么屡屡受挫？我为什么不受待见？我为什么怀才不遇……"

一个人把这些问题想清楚了，哪怕一生坎坷，也会知道坎坷的原因。如此便能活得明白、悠然、淡定。所谓的"生命教育""生活教育"等，指的就是学校在关心学生的考试成绩之余，也促使学生对人生的意义、价值观的建立等进行系统、深入的思考。学生参加工作后选择当"鸡头"还是做"凤尾"；在单位"德"和"才"哪个更重要等，不可能在教科书上找到答案。若不在课堂上讨论，单由社会阅历不深的学生自己去思考，很难有多重答案。这些与生活本质相关的问题不解决，势必影响学生对其他问题的思考，甚至会导致青春期孩子情绪的低落。

同时，无论是当"鸡头"或做"凤尾"的辩论，还是德与才孰重孰轻的探讨，都属于高效的育人方式。这种方式好就好在：它不是让学生在课堂上掌握知识，而是让学生在老师的带领下触摸知识。掌握知识和触摸知识有很大的区别。掌握知识的含义是：我把知识放在你手里了，你可要牢牢抓住。学生是被动的，所得观点容易遗忘。触摸知识的含义是：学生在老师的带领下自己体会知识、感悟真理。学生是主动的。他们为发现真理而兴奋（比如，在课堂上自己感悟出"做一个有德有才的人会深受工作单位欢迎"），体验到了成长的愉悦，就会主动在学习和生活中运用（比如，努力提高自己的德、才），也必然会因此而受到欢迎。这时，"做一个有德有才的人会深受工作单位欢迎"这一观点便可能成为这个学生一生信奉的真理。这就是前文提到的"验证价值"。反之，倘若"做一个有德有才的人会深受工作单位欢迎"是老师在课堂上教给学生的，就算学生在考试时写在考卷上，获得了满分，他也不一定在现实中去做这样的人。倘若一直没有尝试去做有德有才的人，这句话就得不到印证，就永远不可能成为学生信奉的真理。

这便是辩论在德育中运用的意义。

但是，在学生辩论、探讨时，老师必须做适当引导。因为学生不成熟，他们的价值观难免有偏差，若老师不做引导，就想让学生形成正确的价值观，很难。

引导学生辩论，最有效的方法是询问。倘若你想让学生就某一观点畅所欲言，就一定要用"为什么""如何""怎样"等开放式询问的词语；倘若你想了解事情的重点，就要用封闭式询问，让学生在几个答案中选择。

比如，现实里我们常常见一些老师在批评学生时自己说得口干舌燥，学生却偶尔说一句"是"或者"不是"，顶多说个"我错了""知道了"等。为什么会出现这种情况？据我猜测，十有八九是老师用了"封闭式提问"。看见学生迟到就说："你又迟到了是不是？"学生只能说"是"。"你把我的话当成了耳边风是不是？"学生只能说"不是"……问多了学生干脆一言不发。假如老师看见学生迟到，打算用开放式询问，会说："发生了什么事？你怎么来得这么晚？"学生便不能只用几个字来回答。

读者朋友看到这里，也许会觉得在和学生交流的时候，"开放式询问"一定比"封闭式询问"好。其实不然。在了解事情的原因、动机时，不妨用开放式询问；但在判断孰是孰非时，则应多用封闭式询问。比如，有两个男生打架，官司打到了老师这里。其中一个孩子伶牙俐齿，另一个孩子憨厚木讷。这时，老师首先要用开放式询问："你们之间发生了什么事？"伶牙俐齿的孩子可能回答："老师，我在校园里看见他，就说了一句'西瓜皮'——因为他理了一个西瓜皮样的头嘛！他就生气了，他说我的话很难听。我忍不住骂了他一句'小心眼'。结果，他骂我的话更难听。我难受啊！就打了他一拳。然后他就跟疯了一样，把我的胳膊都抓烂了……"总之，这个孩子把自己的错一带而过，总是在强调对方的不对。这时，老师该断案了，就要用封闭式提问："你们少安毋躁，看我理解得对不对。首先，他在校园里站着，是你先喊他'西瓜皮'的，对吗？"

伶牙俐齿的孩子只能回答："对。"

"然后他说了很难听的话，你就骂了他一句，是吗？"

"是。"

"接着他骂你的话更难听，你忍不住就打了他一拳。结果他还手，把你的胳膊抓烂了，是吗？"

"是。"

"也就是说，是你先招惹他的，是吗？"

"是。"

"也是你将语言冲突上升为肢体冲突的，是吗？"

"是。"

"如此说来，是你错得更多一些，是吗？"

他这时只能回答:"是。"
……

## 策略28:中庸之道
### ——衍生班会的实效

在教育生活中务必让学生明白:世界上从来没有绝对的真理,一切都是辩证的。这复杂而又鲜活的教育,却对班主任的素质提出了更高的要求——敏感、善感、善思、善借用他山之玉、善发现问题根源。

有时候,开完一次班会后,班级里会出现另外一种需要解决的问题,我们不得不再设计一次班会。这种由第一次班会衍生出来的班会,就叫"衍生性班会"。

"衍生性班会"一般最具有实效性和针对性。

比如,学校要求我将自己设计的班会在自己的班级召开后,到别的班级也召开一次。我在电子班召开了主题为"天底下的三件事"(本书"策略25"中有阐述)的班会后,再次到他们班上课,首先温习上节课的内容:我们在上节课上学习的"天底下的三件事"包括哪些?

当初我们的讨论很精彩,也很热烈,我以为学生对这个道理理解得不错。但是,那天一个学生在纸上写的答案是:"天底下只有三件事,那就是房子、车子和票子……"

我看后不禁勃然大怒,大声责问他:"上节课你都学了些什么?你怎么写了一个这样的答案?你敢不敢让我当着全班同学的面把你的答案念出来?"

学生马上涨红了脸,很生气地制止:"不要念,把这张纸还给我……"他怒气冲冲地将纸夺了回去,对我横眉冷对,然后趴在桌子上再也不听我的课了……

事后，我冷静下来想一想，这件事我有做得不妥当的地方（无论如何，师生感情的僵化有老师的一部分责任）。想必那个男生已经很讨厌上我的课了吧！也许他以后就会跟我对着干呢！我该怎样弥补自己的失误呢？

再次到他们班上课，我首先真诚地向这个同学道歉："对不起，上周的课堂上我们发生了冲突，是我错了。因为是否认真备课、上课，是我的事情；学生没有认真听讲，我严厉批评、严格要求，也是我的事情。但学生接受不接受我的观点，是学生的事情。我这样强迫你认可我的观点，就是在干涉别人的事情，这是导致我产生情绪困扰最主要的原因。老师曾经在课堂上对你们讲，不快乐的根源之一，就是总想干涉别人的事。现实里我却做不到尊重你的观点，总想干涉你的观点，这说明那些理论还没有内化为我自己的素质。是老师错了，我向你道歉。"学生很吃惊地看着我，似乎不相信自己的耳朵："老师，您不要这么自责……"

我点点头，继续真诚地说："作为老师，我还要提醒你的是：人并不是有了车子、房子和票子就会快乐，那房子、车子、票子更不是你想有就可以有的。所以，当你不快乐的时候，一定要想一想我们这学期所讲的心理健康知识，想一想是不是不正确的观念导致你不快乐……"

这个学生连声说："谢谢老师，我不该故意气您……"

接着，我们正式上课，召开主题为"3乘以8等于23"的班会。其主要目的是让学生学会道歉，明白"退一步海阔天空"的妙处，并感受什么样的心态才是健康的，避免学生冲动、打群架。

班会一开始，我讲了一个故事：

很久以前，两个书生为3乘以8到底等于24还是等于23而发生了争执。两个人都相信自己真理在握，闹得不可开交。于是一起去找一位有名的禅师寻求答案。

在禅师面前，书生甲说："我认为3乘以8等于24。"书生乙说："不，我认为3乘以8等于23。"书生甲接着说："如果3乘以8不等于24，我愿意向你道歉。"书生乙说："如果3乘以8不等于23，我就一头撞死在墙上。"

最后两个人一起将目光投向禅师，禅师的眼睛微微一睁，正色道："3乘以8，当然等于23了。"

于是，书生甲向书生乙道了歉……

但是，书生甲在回家的路上越想越不对劲儿，他回来问禅师："3乘以8明明等于24，您为什么要说3乘以8等于23呢？"

禅师说："3乘以8当然是等于24了，但是你看那个书生乙，他都为3乘以8等于23要一头撞死了，我们还不能告诉他3乘以8等于23吗？"

书生甲恍然大悟……

故事讲完了，同学们会心地笑。我开始提问："书生乙显然在争执中胜利了。但是，让我们静心想一想，我们的目标究竟是为了在争执中胜利，还是获得更快乐的生活？""在故事里，书生甲和禅师都向书生乙退让了一步，但这样的退让是软弱吗？""现实里，你究竟愿意成为书生甲、禅师，还是书生乙？""在这三个人里，谁的心理最不健康？他的人生快乐吗？""生活中有'3乘以8等于23'的事例吗？情况是怎样的？如果遇到这样的事情，你会怎么做？"

……

一环接一环的提问，让同学们明白了如何去宽容待人、勇于认错、尊重生命。知道了怎样的人心理最强大，如何做明智的选择。

但是，另一个问题又出现了。

在成功召开了"天底下的三件事"这一主题班会后，同学们都知道日常生活中只要做好自己的事，不管别人的事，不操心老天爷的事，烦恼就不会来临；尤其是召开了"3乘以8等于23"这一主题班会后，很多同学过于"宽容"，对班级里、校园里发生的很多不良现象不闻不问，甚至漠不关心。在教室里，我看见地面上有垃圾，就对某学生说："请你拿笤帚把垃圾清扫一下。"

学生会温和而认真地回答:"老师,我今天不是值日生,这不是我的事啊!"我就纳闷了:"你不是值日生,就不能随手清扫一下垃圾了?保持教室清洁卫生是我们每个人的事啊!"

但学生不以为然。

有时走在校园里,我看见纸片,会随手捡起来,同行的学生便制止:"老师,这不是咱们的清洁区,你管这闲事干什么?"我气急!不是我们的清洁区,就不可以将纸片捡起来吗?这是我们的校园,是我们生活和学习的环境啊!

但学生还是不以为然。

最让我生气的是,我们班的三个女孩子在晚自习下课后打了一个女孩子,同寝室的人不但不制止,还不配合调查,尤其是一个走读生听说那个女孩子被打后,不以为然地说:"我早就感觉她该挨打了。"人家女孩子挨打已经够难过了,同学们竟然如此冷漠,还要在心灵上伤害她。

也许是前面的班会"天底下的三件事"和"3乘以8等于23"让学生钻牛角尖了,万事过犹不及,因此衍生出了另一个班会"不是我的错"。这个班会的目的是培养学生的责任心,让学生明白:什么事情是不应该管的,什么事情是必须要管的,如何做个有正义感的人,如何为净化社会环境而努力。

在班会上,我首先请同学们欣赏一组漫画幻灯片。漫画主要讲班级里的一个孩子被很多孩子殴打,但是,当老师调查情况的时候,所有人都说"不关我的事"。甚至打人的孩子们说:"又不是我一个人打的,其他人也打了,你干吗只问我……""不是我先打的,所以不关我的事……""虽然我也打了他,但我觉得没什么,因为所有人都打了他。"

最先打人的学生却说:"难道我有错吗?我就是感觉他和别人不一样……"

最后一张幻灯片显示:和我没关系吗?

然后我们一起讨论:南京大屠杀、空气污染、农民工被拖欠工资……都和我没关系吗?战争不是我们的错,但是如果我们热爱和平,就要站起来消除导致战争的因素；水灾不是我们的错，但面对灾区的灾民，我们要伸出援助之手。这样我们的社会才会充满温情，充满正义。

接着我带同学们齐声朗读马丁·尼莫拉牧师的墓志铭，告诉同学们："对一个人的不公平，就是对所有人的不公平。因为这样的不公平可能发生在每一个人身上。所以有些事情我们必须要管，小悦悦被碾死大家袖手旁观，谁知道下一次被袖手旁观的是谁啊！"

然后，我又讲了一个网络上流传的故事。

一些中国的老师到德国去考察，驻地同事免不了要为他们接风洗尘，要了一大桌子菜肴。会餐结束，还有三分之一的菜没有吃掉。这种浪费让一个白人老太太很不满，中国的老师们觉得这位老太太多管闲事："我们花钱吃饭埋单，剩多少饭菜关你老太太什么事？"老太太一听这话，更生气了，立马掏出手机拨打电话。

过了一会儿，社会保障机构的工作人员来了。问完情况后，这位工作人员拿出罚单，开出50马克的罚款，并说："需要吃多少，就点多少，钱是你自己的，但资源是全社会的，世界上还有很多人在挨饿，你们不能也没有理由浪费！"

故事讲完，我说："这才是真正的公民意识。西方国家的人对别人的隐私向来不打听、不干涉，因为他们尊重每个个体。因为人家的隐私没有妨碍到别人。这就是'天底下的三件事'里的'不管别人的事'，但是对于可能让社会不和谐的事，他们是非管不可的……"

同学们在这节班会课上的发言没有以往那么积极踊跃。而我一直认为，真正的活力课堂并非学生发言越积极越好，因为深刻的思考需要安静。如果老师能在一节班会课上多次把学生说愣，让他们重新审视自己的观点，那么这节班会课就是非常成功的。

这就是教育。这个世界上从来没有绝对的真理，一切都是辩证的。班会课务必要让学生明白这一点。

## 策略 29：教育契机，俯拾即是
—— 体验节日带来的无痕教育

要想建立和谐的师生关系，任何一个细节都是契机。端午节学生自发为老师系彩绳，只怕连她们自己也没想到这个举动会让老师如此高兴。我把老师们的欣喜告诉学生，其实是告诉她们：你们要给别人带来欢乐很容易。

作为一个热爱生活的中职生，怎么可能不喜欢体验节日呢？我所带的班级不仅注重传统节日，对外来的"洋节"也很有兴趣。

比如，新生入学不久，就是教师节。我和学生一起做精美的卡片，指导学生送给任课老师。我还建议他们送给以前的初中老师，并要求学生告诉以前的老师：自己在职业学校生活得很愉快，谢谢他们在初中对自己的栽培。这是培养学生感恩之心极好的方式，也有利于我们招生。

教师节后是中秋节，我们有时会召开中秋节晚会，吟诵关于中秋的诗词。有一次中秋节恰巧是周末，我在节后了解了学生过节的情况，见下面的日记。

### 主动寻找欢乐

2005 年 9 月 19 日　星期一　阴

昨天是星期天，也是农历八月十五，月亮却羞答答地藏在云层里。许多同学是初次在外过中秋节，郑州的月饼贵得很，同学们连最低档的月饼也舍不得买。不能和家人团圆，又吃不上可口的月饼，大家心里自然不好过。伊梦的家在郑州，返校时给每个寝室带了一块月饼。一个寝室八个人，分一块小月饼,够分吗?

答案是:够分。

320寝室的同学性情都很温和,她们说昨天是她们有生以来过得最快乐的中秋节。晚上,大家每人出了几毛钱,出去买了八块蛋糕,一人一块,又把伊梦给的月饼切成了八份,一人一份。大家先齐唱两首歌,然后八个同学围成一圈,轮流往家里打电话。每打通一个,大家就齐声喊:"祝爸爸妈妈中秋节快乐!"姑娘们在这边激动得发抖,妈妈们在另一边高兴得要命。晴儿在周记中说:"我经常往家里打电话,从来没有像昨天一样紧张得直冒汗。我妈妈说我们寝室里有一群小叽喳;润娜的妈妈说我们是一群小喜鹊。我们感觉自己幸福极了!快乐极了!"

312寝室正好相反,玲玲在周记中说:"昨天是中秋节,我们没钱买月饼。只有我心里还高兴一些。因为只有我爸爸给我打了电话,她们几个都没有接到家里的电话,很丧气。"

我把这两个寝室过中秋节的情况介绍给同学们,最后说:"两个寝室,其实是在一样的条件下过中秋节,为什么320寝室的同学感觉幸福极了、快乐极了,而312寝室的同学却非常难过?

"因为320寝室的同学是以积极的心态去为自己找快乐:妈妈不打电话过来,没关系!我们打过去。而且不是一个人打,是八个人打。这样,每个妈妈都会接到八个女儿的祝福;每个同学都会得到八个妈妈的疼惜,自然高兴,她们是主动去寻找快乐的。而312寝室,却是在被动地等待家里来电话:家里来了电话,就很高兴;不来电话,就伤心。这分明是将自己的幸福交到了别人的手中。这样太被动了,也就做不了自己情绪的主人。别人没有给自己快乐,自己自然不会快乐!

"所以,如果你想做一个快乐的人,就主动去寻找快乐吧!哪怕中秋节八个人去分一块小月饼,也会感到无比幸福;如果你想快乐,就先把自己的快乐和祝福送给别人吧!别人自然也会祝福你的,你将会得到更多的快乐!

"为什么有的人锦衣玉食却并不快乐?为什么有的人布衣粗食却非常满足?

"但愿你们将来都能做幸福、快乐的人,别忘了以积极、乐观的心态去寻找幸福、赠送快乐!"

一个小小的节日,即使我们不在场,也能找到教育的契机,也能让同学们明白应该以怎样的心态看待生活。

冬至包饺子是我们班的保留节目。端午节来临的时候,我们也会开展一些活动。请看以下日记。

## 端午节,五色绳

2006年5月31日　星期三　多云

我们的端午节不吃鸡蛋、不喝黄酒,却要吃粽子,并系五色绳。

一大早来到教室,早读的音乐声还没有响起,同学们静静地在座位上看书、作画。许晴笑嘻嘻地走过来,不由分说拉起我的手,为我系上了一根有五色彩丝缠绕织成的小细绳,还自言自语地说:"绳子长些好,让我们的老师多福又多寿。"

我这才想起来,今天是端午节,学生为我系五色绳子,是要为我辟邪、祝福呢!

回想以前,许晴脾气犟,我俩也发生过或大或小的冲突,但她是个很讲道理的孩子,看如今她为我系彩绳的场面,是何等温馨、和谐,谁能想到以前我们曾怄过气呢?

王玮老师去为我们班上课,回来后欢天喜地地说:"李老师,看你们班的学生感情多细腻啊!竟还想起来给我一条小彩绳,我感到好高兴、好意外!"

同学们是极不喜欢数学的,数学老师是男的,但上完课他也眉飞色舞地说:"呵呵!她们非要给我系彩绳啊!我推辞不掉呢!"

计算机老师上完课,同样满面红光地抬起手腕说:"这群女孩子,还真的很有心啊!看这彩绳编得多漂亮!"

……

我不禁被感动了:我们的老师是多么容易满足啊!学生只送了小小的彩绳,竟让他们如此高兴!转念一想:这倒是教育学生学会感恩的绝好契机,我要让学生充分体会感恩的幸福。

下午预备音乐响起之前,我买了48个粽子提进教室,首先向学生表示感谢:"任课老师都说我们班的女孩子好懂事,今天竟还想到为老师系五色绳,老师们好高兴啊!谢谢同学们!"

学生们听了,两眼放光。我问瑞娟:"你刚才听老师说谢谢,自己有什么感觉?"

瑞娟:"我也好高兴!"

我点头:"这就是'送人玫瑰之手,留有余香'!你要给别人快乐很容易,这样自己也会收获到快乐的。"我将粽子拿出来:"同学们出门在外,学校食堂也买不到粽子,今天老师请你们吃粽子。"

学生一听激动了,在座位上哇哇叫。

我等她们平静些,口中念念有词,把论坛上老师们相互祝福的话也一并讲出来给学生听:

> 万水千山"粽"是情,
> 糖馅肉馅啥都行,
> 糯米粘着红枣香,
> 粽叶包着你我情,
> 鸡蛋伴着艾叶煮,
> 平安健康永一生。

学生没料到我会送粽子给她们吃,而且我规定不准在教室里吃东西,但今天竟破了戒，他们一个个不由得喜笑颜开……

要想和谐师生关系，任何一个细节都是契机。我其实是在用"好话传好话"的方式培养和谐的师生感情。学生自发为老师系彩绳，只怕连她们自己也没想到这个举动会让老师如此高兴。我把老师们的欣喜告诉学生，其实是告诉她们：你们要给别人带来欢乐很容易。作为回报，我买了粽子给她们吃，让学生体会到"你给我一尺，我还你一丈"的道理。这是感恩的一个强化过程。老师们自然是不太在意小礼物的，但很在意那份情谊。

春暖花开的时候，我会带学生到绿茵广场种花、做护花小使者，或者到森林公园踏青。

请看以下日记。

### 森林公园，历险春游

2013 年 4 月 12 日　星期五　阴转晴

#### 一、历险记

当我和 14 个姑娘下了 131 路公交车，就惊呆了——迎面而来的不是想象中的满目苍翠，而是黄土弥漫。阴沉沉的天空下，一个个黄沙丘安安静静地横卧在大地上，似乎很满意自己的处境。四周除了我们一个人影都见不到，满眼是黄色尘土。

这就是我们要去的森林公园吗？不但没见到一棵大树，连小草也稀疏得偷偷摸摸、灰头土脸。

思彤喃喃地重复我们共同的疑惑："咱们莫不是下错了站？怎么不见其他同学的影子？"

今天我们到森林公园春游，据说 125 路公交车和 131 路公交车都能到达。大多数同学都坐了 125 路公交车，我和小部分学生坐 131 路车随后赶来，却不料下车后竟是这番景象。和另一部分学生电话联系,她们说:"我们早下车了,就在森林公园门口。对面是个公安局,路边有许多卖小纪念品的。你们在哪里?"

菁菁笑着说:"我们好像到了电影《上帝也疯狂》的拍摄地,又像到了荒无人烟的黄土高坡,四处阴森得很。我们迷路了。"

电话那头估计也是一片慌乱的笑声——我能想象到的。

好不容易找到一个骑三轮车的当地村民,问后得知,原来森林公园很大,有好多门,这里确实也是森林公园的一部分。既然如此,那就打听着向前走吧!姑娘们在学校里待久了,一出来见什么都觉得新奇。现在分散了,倒也不恐惧、不着急,依然大呼小叫、欢歌笑语,这个说:"我可怜的白鞋变成黑色的了。"那个说:"我的黑鞋却变成白色的了!"眼前的色彩逐渐丰富起来,浅紫、鹅黄、嫩绿等映入眼底,终于有些森林的味道了。杏儿欢笑着念路边的标语:"森林公园洗肺去!"大家也齐声欢呼:"森林公园洗肺去!"

行走间,许晴来了电话:"老师,你们现在在哪里?"

我回答:"我也不知道啊!"

"你们那里有什么标志?前后左右都是什么?"

我环顾四周,说:"我的左边是大树,右边是大树,前边是大路,后边也是大路。"电话这头和那头的学生哄堂大笑,我说:"你们别乱跑啊!等我们找你们去。"

终于见到了一个去处,上面分明写着"森林公园",却不见学生的影子。原来森林公园分有好多部分,比如健身园、生态园等,水上乐园只是其中的一处,这里并不是我们要去的地方。终于有一个标志,可以让另外一部分学生赶来和我们会合了。但是,她们会不会迷路呢?这里满眼都是树啊!韩悦和紫薇说:"老师,前面是生态园,不知道同学们会不会在那里,我和紫薇去探探路。"

我看着韩悦一米七几的身高,说:"好,你们注意安全,要和我保持联系。"

静坐片刻,我灵机一动,忽然意识到这是一个锻炼学生走出困境的绝好机会,即使今天不进任何一个游乐场所,这样在森林里转来转去找人,不也很有意思吗?现在是上午九点,这里离市区很近,同学们又都有手机,估计不会有什么危险。

于是,我和另外的大部队、韩悦等联系,说我们也要出发,就走在生态园和水上乐园的路上,大家想办法会合。

一路说着、笑着、期盼着,忽然听到远方似乎有一群女孩子在呼唤,我们这边也大叫起来:"啊——"听那边也有回应。舞琴说,可能就是我们班的同学呢!喊一声一二三,我和其他女生一起"啊——",那边的回应又是一声"啊——"。我毕竟教了多年声乐,感觉声音有些不对,便疑惑了:"还不知道是不是我们班的学生呢!"舞琴放开嗓门,一个人喊:"刺麻苔班——"这次听到一声"咩——",原来是一只羊。大家笑得直揉肚子:"搞了半天,我们是在和羊对话啊!"羊也通人性,我们齐喊,它们也齐叫;这边一个人喊,那边一只羊叫。若不是只有一只羊叫,我们怎么可能听出来不是人喊而是羊叫呢?

这时,韩悦打来电话:"老师,我看见蓝菲和润雪了,她们也是探路的,我们马上就能会合。"大家兴奋起来,张开双臂、迎着晨风向前跑,菁菁激动地来了一个舞蹈中的大跳,不料路面不好,直接劈叉下去,把膝盖都蹭破了。我埋怨她不小心,她说:"没关系,一点儿都不疼。"谁说这样的孩子不可爱呢?

十分钟后,就听见前面隐隐约约有笑声,接着看见影影绰绰的人影,我说:"我敢拿一毛钱打赌,她们肯定不是羊!"大家欢笑着、跳跃着,和对面的学生拥抱。

分别还不到两个小时,大家再见面竟然这么开心。可见,凡事都要曲折些才有趣。

我们一行人路过了跑马场，看见了动物乐园，一只孔雀正在开屏。我说："咱们一起喊'好漂亮哦——'，它会开得更大。"于是，我喊一二，大家齐声叫："好漂亮哦——好漂亮哦——"孔雀果真更加努力地开屏了。学生们惊呼："老师，它转过去了，尾巴正对着我们。"我说，咱们继续喊。于是大家再次呼唤："好漂亮哦——"孔雀将尾巴对着我们停了一会儿，慢慢转过身来，学生们不禁再次从内心发出惊叹："真的好漂亮哦——"

恋恋不舍地离开孔雀，蓝菲说："老师，你怎么知道咱们喊'好漂亮哦'，它就会更加努力地开屏？"

我笑着打趣："因为它就像我们的蓝菲一样，希望得到鼓励和赞美啊！"

## 二、游乐

我不能不再次感叹，这群辣妹子很容易被调动。因为我们是团队春游，生态园的老板特地让园里的主持人为我们组织活动。主持人首先是教大家一些简单的舞蹈。我那群猴精猴精的学生，学这些动作简直是小菜一碟。只学了两分钟，就娴熟地舞起来，主持人惊叹："这么快就找到感觉了？"我偷偷地说："她们学过舞蹈！"

接下来是傣族竹竿舞，学生跳得很欢快，但还是感觉难度小，活动量小，要求放《快乐崇拜》。于是，这群姑娘一进生态园，就由舞台下转到舞台上，头发飞扬着、双手摆动着，每一张笑脸都是绽放的鲜花，每一个动作都是流动的溪水，那舞姿比园里专门跳舞的员工还到位，直看得工作人员目瞪口呆。我边照相边不好意思地向他们解释："我这些学生太活泼了！太容易被煽动了！真是给点阳光就灿烂。"他们笑："这样好！这样好！我们平时还嫌互动不够呢！"

跳完《快乐崇拜》，我们来到了浮桥、铁索边。姑娘们越发激动起来。在一条小河上，铺着木板浮桥，人在浮桥上走。若是没有人捣乱，平衡能力强、胆子又大的人走过去很轻松。关键是旁边一般都有认识的或不认识的人在故意摇晃浮桥,目的是让桥上的人摔下来,当然,河面上有防护网,玩耍的人不会有任何危险。铁索有三根,下面也有防护网,人可以双臂扶着上面两根铁索,脚下踩着一根铁索,但比走浮桥的难度大。我们班的姑娘因为练过舞蹈,肢体灵活、平衡能力强,走起铁索来还算轻松。但她们胆子不够大,摇摇晃晃地走到浮桥中间,就大呼小叫起来,恰巧有某高校的两三个男生也在玩耍,恶作剧地摇晃铁索,姑娘们纷纷落到防护网上,滚着、趴着上岸,分明吓得一身冷汗,却还要继续走浮桥,有得干脆走起了难度更大的铁索。那几个男生看这些女孩子活泼开朗,胆子更大了,自己不玩耍,专门在旁边搞恶作剧。只见静怡一个后空翻,从铁索上掉下来,那姿势虽然优美,我和几个看到的同学却吓坏了,扶着静怡问长问短,见她确实没有大碍才作罢。我抬起头来,只见不远处杏儿的姿势更可笑。她玩的难度也最大:双手扶住一根铁索,双脚各踩一根铁索,下面没有防护网,她就那么吊在铁索上,估计这边也有人在捣乱,她要前进,前进不了;要后退,又退不回去。轻盈的身子如枝头的鲜花,摇摇晃晃,按照学生的话说:"那姿势真叫经典!"

韩悦满脸汗水,找到我说:"老师,您也去试试,很刺激的。我传授您一个经验:在铁索上,您若想着'我走得很稳,我走得很稳',肯定就摔不下来。若是想'我要摔下来了!',一准被摔下来。"思彤在一边笑:"韩悦很会总结哦!"

同学们玩累了,我要带她们离开,那几个男生却上了铁索。姑娘们哪里肯放过他们,一起转回来摇晃铁索,直到几个男生大声求饶,她们才作罢。一个三四十岁的男人在一旁说:"哪里来了这么多调皮的女孩子?还真会捣乱!"大家看他文质彬彬的样子,想玩耍又胆怯,便怂恿道:"叔叔,您上去吧!我们都玩过了,很刺激,很好玩的。一点儿也不危险,您上去,我们绝不搞恶作剧。"还有同学加一句:"要是别人给您搞恶作剧,我们还会制止。"她们说话的时候一脸单纯,让你不能不相信她们的真诚。

那男士果真听信了她们的怂恿,上到铁索上,刚走了不到三分之一,几个女孩子一起站起来摇晃，男士大惊失色，没几下就被摔下来。来到岸上他却不退缩，将鞋子一脱，不必女孩子们怂恿，又上了铁索。同学们一边喊加油，一边笑着又一次摇晃起来，男士努力坚持，双手紧紧抓住铁索，龇牙咧嘴的，最终却还是失败了。他来到岸上开心地说："你们不讲信用啊！这次我是真的被你们这群丫头耍了！"

离开浮桥和铁索，我们来到了一排秋千旁。一开始女孩子们玩得很斯文，只是坐在秋千架上，熟悉后就站了起来，秋千也越荡越高。别人看着羡慕，几个关系不错的女孩子干脆两个一伙地荡，越飞越高，木制的秋千架咯吱咯吱地响起来，我吓得急忙制止，她们才停下来，却意犹未尽。

再向前走，来到了鬼屋。一声声凄厉的鬼叫声传来，学生跃跃欲试地要进去。几个女孩子便问价钱，老板说："一个人五元。"

敏说："便宜些，我们这么多人呢！"

老板："你们都是学生，就按照半价，一个人两块五怎么样？"

同学们七嘴八舌："两块五啊！太贵了！太贵了！我们在学校能买一碗烩面呢！"

老板不知道怎么回话，便问："那要多少钱你们才肯进去？"

我刚想说两元，不料小可在后面说："每个人五毛钱，我们就进去。"

老板一听急了："五毛钱，那可能吗？"

别的学生说："就给五毛钱，否则我们都不看，你们就一分钱都挣不着了！"

老板生气了，把鬼哭狼嚎的音响关掉。学生们说："不就是鬼叫吗？学鬼叫谁不会？"一边就开始按照声乐课上我教的方法吸气，打开喉咙，利用共鸣叫起来："呜——"近40个学生一起叫，此起彼伏，尖叫声还拐着弯，听着果然毛骨悚然。大家叫着叫着，开始嬉笑，我说："人家门票五元钱呢！你们竟还价还到五毛，我实在是服气了！"

领学生继续前进，我这里忙着为大家照相，一不留神，许晴就上了吊索，尖叫着从吊索上滑过去，一会儿蓝菲、格格也滑了过去。别的同学滑吊索我不担心，只担心格格的身体受不了。格格从吊索上下来，我还一直留心观察，直到确信她没事才定下心来。女孩子是最爱跟风的，听到滑过去的同学一个个喊"过瘾"，自己便也想过把瘾。只片刻工夫，就又有几个学生交了费，换上了滑吊索的衣服，走上了高高的楼梯。

吊索下，没有交钱的学生看见谁做准备就加油、欢呼，最后一个是柳怡，她姓包。也许是因为大家都喜欢她，也许因为"包"这个姓太容易让人想起"包拯"，所以，大家对她喊的口号是近来学校附近村民的标语："人民政府为人民，村民呼唤包青天！包青天，你加油！"这里呼唤着，却不见柳怡滑过去，大家翘首盼望，最后没有盼到柳怡滑过去，却见她抹着眼泪从楼梯上下来了——临到上场，她胆怯了，吓得只哭，无论如何不愿意滑。老板没办法，只好陪她一起走下来。

吊索下的学生一边安慰柳怡，一边笑得直跺脚："哎呀！老包啊！老包啊！"柳怡抹着眼泪，红着脸，带着笑，嘟囔说："我是吓坏了，真的吓坏了！"她这一退却，别的同学都不敢再上去了！也多亏了柳怡退缩，否则，她们滑吊索也就罢了，最后剩下我一个人怎么办？阿弥陀佛！我是有些恐高的啊！

下午天放晴了！我们一路说笑着回去，没有一个同学因为跑了冤枉路而气恼。我脚上磨了一个泡，很疲劳，但也很开心。这样的活动实在是很有意义的。

## 春游后的总结

2013 年 4 月 13 日　星期六　阴

一早来到学校，我开始总结昨天的春游。是的！好不容易出去一次，我怎么能不把握住难得的教育契机呢？

我首先表扬的是林丽、静怡和菁菁，在大家玩闹得最开心的时候，是她们在为我们看管物品。在中午休息后，林丽和静怡很认真地清理了我们留下的垃圾。我说："如果我是新单位的领导，看到自己有这样优秀的员工，第一个提拔的就是她们。其实，静怡以前还不会操心，但自从开了那次'班长轮换制'的讨论会，大家看她进步多大啊！"

然后，我谈到了昨天的分散，在大家都一筹莫展的时候，韩悦和紫荷毫不犹豫地站出来为我们探路，真的很难得。学生们点头，纷纷说："我们这边是润雪和蓝菲去探路了。"我感到惊奇：我一向认为润雪和蓝菲是班里最任性、最孩子气的学生呢！不料她们在陷入"困境"的时候能最早站出来。我讲起了不久前听说的故事。一个班级刚刚成立，班主任还没有决定选哪些同学做班干部。有一天晚自习时，忽然有任课老师到他们的教室里说："失火了！"大家惊慌起来，一片混乱，这时，一个同学主动站起来，组织同学有条不紊地撤离。走出教室，却发现别的班级都没有动静。但班主任出现了，指着组织学生撤离的同学说："这就是我们的班长。"因为这位同学显示出了自己临危不惧的素质和愿意为大家服务的精神，有责任心和使命感。原来说"失火了"是班主任设置的情境，目的仅仅是观察谁适合当班长。同样，韩悦、紫荷、蓝菲、润雪，也有这样的素质，同学们应该向她们学习。

这一席话说出来，对别的同学是一种教育，对韩悦她们也是一种强化。

# 第五章　班级日常管理的12个策略

班主任在班级里不可有做"老大"的心态，虽然做"老大"看起来很权威、很主动，实质是一种恐惧心态。恐惧心最常见的行为模式就是掌控或操控，而青春期学生是最反感被操控的。

什么样的教师完全不想掌控别人？内心完全无惧的人。除了爱，他什么事都不想做。

卓越的班级管理呼唤内心无惧的人，他拒绝民主中的暗箱操作、深谙无为而无不为的妙处、明白迂回曲折的原理，再加上善意引导、巧言讽谏、积极关注、换位思考……这才真正是以人为本的教育，他坚信"管，是为了不管"，"教，是为了不教"。

## 引子：班级管理中的教育性和反教育性

一个名副其实的教育者，他最关注的是学生本身的发展，而管理者最关心的是完成上级部门布置的任务。教育者以人为本，他会倾听学生的心声；管理者以任务为本，往往只把人看成完成任务的载体。

任何教师以"管人者"自居，都会越活越累。学生总是被人管，自身不需要多大动力，就是被推着走、被拉着走、被逼着走。对此他们不可能不反感和倦怠,又怎么可能体验到幸福的人生?又怎么能成为自主、自立的人才?

前天看到一段河南电视台讲"临刑会见"的视频,大致说一个高中男生在晚自习课堂上讲话,被班主任严厉地批评管教(也许班主任动手打了男生)。男生反抗说:"你凭什么管我、打我?"班主任反问:"谁看见我打你了?"男生觉得憋屈,就去向妈妈哭诉。妈妈却说:"老师管你是应该的,肯定是你不听话,我宁肯相信老师的话,也不相信你的话。"男生当时"哇——"的大叫一声就跑了出去。他跑到班主任的办公室,拔出随身携带的刀子,当场就把老师杀了。

这个班主任刚刚大学毕业,同学们说他工作认真负责,教学质量特别高。他仅仅因为与学生沟通不好,就惨死在学生的刀下。

节目里一个嘉宾在唏嘘感叹之余说:现在我们的很多家长、老师,都把自己当成了管理者,把孩子当成了管理的对象。其实,孩子应该是我们爱的对象……

我深以为然。

管理压倒教育甚至冒充教育,这种现象在我们周围司空见惯。但是,教育虽然离不开管理,却并不就是管理。教育主要是引导学生进行自我教育的一门学问,是研究如何帮助学生成长的科学。教育姓"教"不姓"管"。或者说教育姓"爱"、姓"尊重"、姓"陪伴"……

班级管理的作用主要是维持秩序,以达成某种目标,它的品性是复杂的。有的管理具有反教育的品性。比如,我曾见过某班主任兴致勃勃地在研讨会上传经送道:"我们班得纪律卫生红旗的次数是最多的。若是某个星期纪律卫生流动红旗不在我们班,我会在班里大骂:红旗呢?红旗上哪里去了……那么,下一周,学生会想方设法把红旗夺回来……"

听了这个班主任的话,我一时不知该说什么。"胜败乃兵家常事",纪律卫生流动红旗不可避免地要在各班流动，自己的班偶尔得不到红旗，就这样在班里大发雷霆，很可能产生两种结果：一、学生会想尽一切办法甚至不择手段去争红旗；二、学生叛逆心起，跟老师唱反调，从此再也不争红旗。

第二种结果——学生和老师唱反调——显然是我们不想要的，这不是管理和教育的最终目的，某个老师"争红旗"的结果若是这样，自己当然也知道失败了。但是，第一种结果——学生不择手段去争红旗——果真就好吗？

2006年冬，我带05幼（1）班。当时学校的学生会干部每天早读时都会在楼下检查各个班级的迟到情况。有一个早上，我们班同时有6个学生迟到了，而且直到早读即将下课时她们才进教室。我问起原因，她们说："其实我们就迟到了1分钟，但是，如果那时我们进教室，就会被学生会干部记名字，这样就要扣我们班的纪律分数。所以，我们干脆在厕所里躲了将近20分钟，等学生会干部走了之后我们再进教室，这样他们就发现不了我们迟到，就不会扣我们班的分数了。"我当时简直不相信自己的耳朵："为了躲避学生会检查，你们竟然由迟到1分钟拖延到迟到20分钟，这不是弄虚作假吗？"

没想到，全班多数同学异口同声地劝我："老师，她们这样做也是为了我们班级好啊！咱们班总是得不到纪律卫生流动红旗，就是因为我们班的学生太死心眼了。我们这一招还是跟外班学生学的呢……"

我一时无语。学校让学生会干部在楼下检查迟到人数，本来是想限制或杜绝迟到现象，却不料上有政策、下有对策，学生为了得到纪律卫生流动红旗，竟然弄虚作假，而有的班主任竟然默许了学生耍这样的小聪明……这不是打着达到"管理"目标的旗号，做着反教育的事情吗？

可悲的是，现实中很多人都在如此做着反教育的事情却不自知。比如，平日教育学生实事求是时振振有词，但为了应付上级部门的检查，却带着学生一起"造假"。这就是典型的只顾管理而忘记了管理的反教育性。学生得知甚至参与了我们的"造假"后，还会相信课堂上关于诚信的话吗？

一个名副其实的教育者，他最关注的是学生本身的发展，包括正确观点的形成；而管理者则不然，管理者最关心的是完成上级布置的任务。教育者是以人为本，管理者是以完成任务为本，往往只把人看成完成任务的载体。

所以，教育离不开管理，但管理科学代替不了教育科学。教育科学主要是一门引导学生进行自我教育的科学，是研究如何帮助学生的科学，是研究师生如何交流的科学。或者说，教育姓"教"而不姓"管"。教育是科技含量很高、需要创造性的一种职业。用适当的管理来保证教育和促进教育是可以的，但把教育看成管理或者认为教育基本上是管理，则大错特错。

但是，好的管理具备教育的意义、教育的品性，甚至充满浪漫、温馨和诗意。我们如何去进行具备教育品性的班级管理呢？

且看以下班级日常管理的12个策略。

## 策略30：拒绝暗箱
### ——向民主教育更深处漫溯

民主不仅仅是一种政治制度，也是一种生活方式，是一种素质的体现，包含着自由、平等、尊重、多元、宽容、妥协、平等等观念。它浸透于社会的每一个角落，体现于生活的每一个细节。班级民主选举若设置"暗箱"，就失去了对学生的信任和尊重，当然不是真正的民主。

有一位年轻的同事看过一个优秀班主任在班级里搞民主选举的文章，曾满脸困惑地对我说："我也曾尝试在自己班级的民主选举中拿掉'暗箱'，结果品学兼优的学生没被选上，捣乱分子却榜上有名……"

现实中确实有类似的情况发生：我们在杂志上看到一些优秀班主任的带班经验，拍案叫绝之余，马上运用到自己的工作中，却很快败下阵来，不免迷惑：难道优秀教师的做法中看不中用？

在这里，我谈谈自己对民主的粗浅理解。

## 一、民主并非学生说了算，民主绝不软弱

几年前，我曾认为民主就是学生说了算，民主就是老师对学生的迁就，因此民主很软弱，老师会因民主而陷入被动。后来经过阅读、思考，我才明白民主是最"强硬"的，只不过这里的"强硬"不是任何个人意志的"强硬"，而是集体意志的结晶——规则（制度）的"强硬"。制定规则的过程是不断商量、妥协的过程，但规则一旦通过，任何人都必须遵守。也许某项规定不够合理，但是在重新修订之前，必须按照规定执行。

比如，2006年春，我带的班级多数学生生物钟紊乱，他们夜晚聊天，上课睡觉，因此我和学生重新制定了班规。其中有一项规定是：任何一个人在课堂上睡觉，全班都要被罚跑步——目的是强制学生相互监督。这项规定有点不近人情（所以，民主讨论出的制度未必是最好的，却是最不坏的，它毕竟代表了多数人的心声），执行的时候遇到了很大的困难，甚至任课老师都不赞成。但是，这是全班同学商讨的规定，我们不能不坚持。直到同学们的生物钟调整过来，大家才重新商讨并取消了这条班规。所以，强硬也是民主的一种体现形式。"任何个人和政党都不得凌驾于法律之上！"这是何等的强硬！如果老师在这个意义上实行民主管理，就既不会迁就学生，也不会剥夺学生的权利。因为民主既不是学生服从老师，也不是老师服从学生，而是大家必须服从共同的规则。

## 二、民主会犯错误，但民主本身具有纠错能力

追随陶行知先生的日子里，我深深感悟到，民主教育的目的是培养具有民主意识和能力的未来公民。从这一点来看，就算学生评选的结果令班主任不满，也不能安排"暗箱"。须知，民主会犯错误，但民主本身具有纠错能力。

第一章中的"策略1：尊重和包容——无条件地接纳学生"中已经提到，

我所带的 05 幼（1）班就曾出现过"捣乱"头目菁菁当班长的故事。那个时期菁菁在班里的威信非常高，我的好班长被"推"下了台，我只能顺应"民心"，让她当班长（如果我不顾"民心"所向，再换一个班长，她还会把人家推下台的）。很多时候，班级的舆论导向，是班主任难以调控——或者说不能调控的。当我们眼睁睁地看着班级要走弯道的时候，专制和一言堂效率最高、最省事（正因如此，很多急功近利的班主任不肯实行民主而青睐专制），但这样做，播种在学生心中的却不是民主的种子。在 05 幼（1）班，菁菁当班长一开始非常认真，因为她也希望班级变好，但她那"有事没事瞒住老师"的言论不能在同学们面前兑现，何况她本身懒散，只能严格要求别人，不能严格要求自己。所以，两个月后，她就失去了民心，班级另换了班长。

这便是民主自身的纠错能力。

那个班级在一年级走了弯路，班级考核分数也曾一度落后，但在二年级稳步向前，显示了很大的潜力，学生走上工作岗位后表现得更加出色。那些青睐专制的班主任带班，往往在新班成立时最早稳定下来，一年级时在班级量化考核中也能有好的成绩，但这样的班级没有后劲，班主任会越来越累，因为被专制压抑着的学生，随着年龄的增长会加大反抗老师、挑战权威的力度。教育应该是一种慢的艺术，很多时候需要我们耐心地等待。班主任尤其要少一些急功近利。

### 三、民主选举中的"拉票"很正常

作为政治制度的民主，其外在标志是选举，内在精神是对人的尊重。我们所说的班级民主管理就包括了对学生选举权的尊重。然而，民主不仅仅是一种政治制度，也是一种生活方式，是一种素质的体现，包含着自由、平等、尊重、多元、宽容、妥协、平等等观念。它浸透于社会的每一个角落，体现于生活的每一个细节。班级民主选举若设置"暗箱"，就失去了对学生的信任和尊重，当然不是真正的民主。

那么，若没有设置"暗箱"的选举结果不能让老师满意、学生服气，还要继续民主选举吗？

我的答案是：如果学生民主选举的结果让老师失望，可能是这个班的班风有问题，与民主选举本身无关。在集体舆论健康的班级里，至少大多数学生的是非判断与班主任是一致的。班主任也因此能够坦然自若地尊重学生们的选举权。从表面上看，教师对学生的选举是"放任自流"，实际上教师通过平时的教育引导，早已大张旗鼓地为品德优秀的学生摇旗呐喊过了。如此，班级的民主选举不可能出现大问题。

如本书第二章"培养卓越班干部的4个策略"中所说，我每次带班，在投票选举班干部的时候，会说这样一段话："班里的同学可以分为三类：第一类，只能严格要求别人，不能严格要求自己，这样的同学自然不适合当班干部；第二类，能严格要求自己，但不会严格要求别人，这类同学的组织能力有限，可以在活动中加强锻炼，但目前不太适合当班干部；第三类，既能严格要求自己，又能严格要求别人，做事公正公平，不怕得罪人，敢于为自己的言行负责。这样的同学才是我们应该选的。事实上，班干部的素质在很大程度上影响着整个班级的风气，影响着我们的学习、生活，我们要慎重一些，投出最神圣的一票……"经过这样一番引导，就等于老师为优秀学生拉票，选举的结果自然差不了太远。如果以暗箱操作、剥夺学生的选举权来端正班风，班风绝不可能因此而端正起来。

## 四、如何对待民主选举中的"贿选"

上文已经提到，民主选举中的拉票很正常。在班风健康的班级里，班主任通过平时的工作，早就为优秀学生大张旗鼓地宣传过了。民主选举中不正常的是"贿选"。我本人也曾遇到过"贿选"的情况。

有一次，学校要对家庭贫困的学生进行补助（我的学生多数来自农村）。以前，我总是小心翼翼地操作这一事情，目的是给接受帮助的同学一些保护、一些尊重。我很信任自己的学生，凡是写了申请的，都能或多或少地得到一些现金。但那年我们班写贫困补助申请的竟有12个同学，以我的观察，有的同学的家庭并不困难。经调查得知，学生里有人发表言论："干吗不写？10元钱也是钱啊！"如此看来，我们班的部分学生并不认为接受补助有什么不好意思。2006年的贫困生助学金，我该如何分配？还能谁写申请谁就能得助学金吗？这样一来说不定明年有一大半的同学都会写申请。

于是，我和学生商讨，决定投票选举，候选人是写申请的同学。选举前我特意说："大家回忆一下，候选的同学平时生活是否拮据。我不否认，有的同学家庭条件确实困难，但她们没钱吃饭，却有钱买零食、烫染头发，对于这样的同学，我们便不能选她们。"

我以为自己这样一说，选举就会很公平。后来才知道，有人在投票的时候偷偷贿选："选我！选我！我会请客！"还有人帮别人贿选："选××，她当选了也会请客！"还有人说："我选你了！等补助款下来了你必须请客！"如此让大部分同学非常反感。后来的选举结果也激起了公愤，同学们纷纷说："选的什么人啊？一点也不公平！也不看看自己的穿着打扮，还好意思申请贫困补助？别在那儿不知羞耻了！"被选上的同学听了自然也不开心，一个个低着头嘀咕。我得知有人贿选，当机立断说："申请表报上去，领导还会调查的，不属贫困之列的同学，自然得不到补助。请同学们放心！"

那天的班会上，我在教室里沉痛地说："现在咱们静下来，分析一下贿选行径的得失：同学们的眼睛是雪亮的，你贿选的时候，投你票的同学并不服气，其他旁观的人听到这些话，本想选你的同学当时就会改主意，所以，即便你得到了些微补助，也是以失去人格为代价的，孰大孰小？自己衡量。据说，还有同学在投票时说：'××，我选你了！等钱发下来了你要请客！'也许这是一句玩笑话，但给人的感觉是什么？你就欠那一顿饭吗？你这句话失掉的又是什么？何况，咱们学校有明文规定：补助金发下来，严禁学生请客。因为，这是给你的生活补助，不是让你请客拉关系的。现在大家再回味一下：

上午发生的那些事情，给我们带来了什么？是温暖，还是寒冷？是欢乐，还是气恼？学校为贫困学生发放补助，本是一件极有意义的事情。可是到了咱们班上，演变成了什么样子？这和兄弟为争家产而反目有什么区别……"

学生们被震住了，深深地低下了头。进教室前，我曾经犹豫：是私下批评，还是公开批评呢？思索的结果是：贿选的影响太坏了，这次没有参与贿选的许多同学都在观望，我如果不严厉制止，真不知道以后会演变成什么样子。品德良好的同学也许永远也不会贿选，但她们会寒心，会对我失望、不服气；已经参与贿选的同学以后会变本加厉，使班级的邪气上升；而那些摇摆不定的同学也会跟着邪气跑……

一个人所形成的处事原则都是生活环境所认可、默许的。因此，在一个班风比较正的班级，即使贿选的邪气上升了，多数同学也会持冷漠、鄙视的态度，班主任若能当机立断做出严厉批评，邪气自然会被有效地制止。

## 五、信任的力量不可低估

在 20 世纪五六十年代，以罗杰斯和马斯洛为代表的人本主义心理学诞生了，他们认为人有自我实现的需要，只要有适当的环境，人就会努力去实现自我、完善自我。我比较认可这一说法，在民主选举中，信任的力量是不容忽视的。

我所带的 07 幼（1）班第一学期结束，学生让我在评优评先之前确定候选人，我不肯，只是说："我相信你们的眼光，我相信每个同学心里都有一杆秤。谁为班级做的贡献多，谁平时表现最好，你们心里比我清楚。"

选票收上来，结果令人满意……

这使我再次相信：每个学生心里都有善的种子和恶的种子，只看我们老师给她们的土壤环境，是适合善的种子生长，还是适合恶的种子生长。我从宣布"评优""评先"开始就声称完全相信学生的眼光（我一直是让学生不记名投票，并当场唱票统计。如此一来，我对学生的信任更深一层，她们也会更加慎重），她们自然会用善的眼光去打量思忖，并投出最神圣的一票——因为信任最能激起人们向善的欲望；相反，我当初若指定候选人，那些没有被指定的同学必然不服气。因为对学生的不信任最容易激起她们的逆反心理。学生会想：既然是民主选举，又何必指定候选人？老师你不是喜欢××吗？我偏偏就不选他，看你怎么办……

### 六、教学中并不是所有事情都值得民主投票

现在在教学中关于民主的说法太多，其实并不是所有的事情都值得民主投票。比如，班级里确认了有贫困学生需要补贴，为保护学生的自尊就不必投票。对于贿选呢？有必要投票决定能否贿选吗？至于周一穿校服，这是学校的规定，还需要投票吗？而且，对某些常规，班主任本身就有决定权，这和专制无关。比如对学生的作业要求，老师说要做，有学生说不做，怎么办？"民主吧，投票！"结果怎样？大家都说不做作业！这叫民主吗？本来，布置作业并要求学生做，这是教师的分内之事。再如，天气寒冷，学校要求学生早上跑操，但学生想睡懒觉。怎么办？听学生的心声，投票吧！结果学生都说不跑操……这叫民主吗？当然不是。对一个国家而言，选举人都是成年人，可以"大家说了算"，但学校里的学生是未成年人，而且不懂一些民主的程序，有许多事情，便不能由着他们说了算。

我曾经写过一篇文章《教学经验当"不立文字"》。文中说，文句只是帮你到达悟境的舟车而已。只在文句上打转，便会离真理越来越远。所以，我在这里要提醒读者朋友，我们看到别人成功的案例，千万不可生搬硬套，而应该透过文字表层的意思去感悟其内在的精深要义。

民主教育的目的是培养具有民主意识和能力的未来公民，所以学校民主教育不只是手段，或者为了方便老师的管理而采取的某种策略或技巧。作为制度的民主，就是要教会甚至训练学生学会民主程序，比如班规的制定、班规的执行等。在制定规则时一定要把教师包括进去，至少要包括班主任。作

为生活方式的民主,要在每一个细节上(包括课堂上)培养学生的五种意识:平等意识、自由意识、法治意识、宽容意识、妥协意识。这五种意识孤立地看,都不完全等同于民主,但都和民主精神有关。这些民主意识的培养一定要非常生活化、细节化,特别是要重视教师本人的示范作用。

诚然,我们的学生是未成年人,还不懂得民主的程序。但是,陶行知曾指出:"民主的时代已经来到。民主是一种新的生活方式,我们对于民主的生活还不习惯。但春天已来,我们必须脱去棉衣,穿上春装。我们必须在民主的新生活中学习民主。"注意陶行知这句话——"我们必须在民主的新生活中学习民主。"

## 策略31:高于教材
——为枯燥的课堂增添魅力

如果这节课拿到优质课评比中去上,我将不得不面对一个很残酷的结局——失败。因为,我没有按照教材讲,没有按照大纲讲。但是,学生对这样的授课方式非常满意,他们认为这才是最有魅力的课堂。他们的很多观点在这节课里被颠覆了,却被颠覆得心悦诚服。

班级管理的一项重要内容是组织课堂教学。但是,很多同事都感觉在中职组织课堂教学最费力。学生听课习惯不好,要么沉思发呆,要么看小说、玩手机,要么睡大觉、窃窃私语或者大声嚷嚷,尤其是在基础课的课堂上,能认真听课的学生实在不多。

但是,作为教师,我们不能不对课堂进行组织管理。如何让学生喜欢课堂?如何让课堂充满魅力?只有让课堂内容来自教材却高于教材,换句话说,要在与学生谈天说地、平等对话的过程中归纳总结教材的主要内容。

不久前,在《职业道德与法律》课堂上,我播放了凤凰卫视的《一虎一席谈》中的一个视频，那是在"5·12地震"后不久，范美忠先生因为一篇文章而成为焦点人物。在这个视频里，他和一个姓郭的老师就地震中他的行为PK得非常激烈。后来范先生的朋友、范先生所在学校的校长、一个社会学家、一个心理学家以及在场观众都发表了自己的看法。

放完视频后，我问同学们："在这个视频里，你最不喜欢谁？"

学生异口同声地回答："我最不喜欢那个姓郭的老师。"

"为什么？"

学生1："他那么激动做什么啊！都不让人家范老师说话。"

学生2："耐心地倾听别人说话，是对人最起码的尊重。"

学生3："我不喜欢他说话跟机关枪似的，他太强势、太噎人了。怎么跟我妈一样！我妈妈说话挺厉害的，有时明明是我有理，但说着说着，就变成她有理了，因为她嗓门大、说话快。我说不过她，但是我心里不服气……"

我说："郭老师代表的是主流声音，他要求教师在地震的时候先让学生跑。他是要求我们教师在危难时舍己为人。或者说，他是要求我们教师在关键时刻保护你们啊！你们不喜欢他吗？"

学生说："不喜欢。他太自以为是了。他以为自己真理在握，都不让别人插嘴。"

"我不喜欢郭老师乱下结论，他口口声声地说范老师无耻，还说范老师的校长不辨是非。"

马上又有人附和："我也认为教师不能随便说别人无耻，这就好像有的人说我是'二百五'一样，我当时听了非常生气。反正我不喜欢这个姓郭的老师，无论他标榜自己多么爱学生，我都不喜欢他。"

学生们纷纷笑着说："很多人都喜欢给别人定性。"

我问："你们从哪里知道郭老师对别人乱下结论了？"

有学生站起来发言说："郭老师说范老师连喊都不喊一声就自己先跑，是因为范老师担心学生阻碍了他逃跑。事实上在人家范老师的学校，一个班级人很少，只有十几个人，根本就不可能阻碍别人跑。"

另一个学生说："我讨厌别人在不了解情况时就乱下结论。比如我犯了错，老师要批评就批评吧，我也认错。但是老师总是说：'你就是怎么怎么……'或者'你心里想的肯定是……'我就纳闷了：我心里想什么，他怎么会知道？这个郭老师也是，他的心可能是好的，但他太武断了，一口咬定范老师不喊一声就跑，是害怕学生挡住他的路。我就不喜欢他这样武断。"

别的同学纷纷附和。

我也在反省自己：我平时有没有这样的毛病——我的言论是好的，我的主张是对的，但我的方式是学生最讨厌的？学生的这些心声，该不该让我们反思？

我一边反思着自己，一边不失时机地引导："己所不欲，勿施于人。所以，你们在生活中和别人发生争执时，应该怎么做？"

学生说："一定要耐心地听人家说话，不要过于强势……""平时与人交往，万不可过于武断！不要胡乱猜测别人的想法。"

我点头："否则，你的道理说对了，却把人家得罪了，多可惜！"

这时，有一个学生站起来说："老师，说句实话，我真的不知道该不该批评范老师率先逃跑，因为他当时都晕了，他的脑子里一片空白，这是人的本能。就好像视频里的一个观众所说，他要跑，还是要留，就在一念之间。他一念之间留下来了，就成了英雄；他一念之间跑了，就千夫所指。英雄和千夫所指之间的距离也太小了一点吧！能不能让我们不做英雄，也不被千夫所指？"

听着学生的疑惑，我不能不承认，现在的学生实在太厉害了。如果不让他们发言，如果教师霸占着整个课堂的话语权，我怎么可能了解到学生这么多的心思，他们又怎么可能信服我？

是啊！范老师的跑，究竟是出于本能，还是职业道德有问题呢？如果是出于本能，我们能用职业道德来谴责他吗？

我还没来得及说话,就有学生说:"上节课我们学习的最美导游文花枝,人家在出车祸的时候,就说要先救游客的。"

另一个学生说:"车祸和地震不一样。地震就那么几秒钟,而车祸发生以后被抢救时,人已经有一些理智了。文花枝当然不可能凭着本能就让先救别人。所以,文花枝这个行为属于职业道德,而范老师那个行为似乎更像是出于本能。"

又有人说:"范老师的朋友吴老师说,范老师下楼梯的时候,就恢复了理智,与别的老师一起组织学生疏散。"

我说:"谢谢同学们的分析。其实在内心深处,我也不知道范老师的跑是出于本能还是职业道德,这个问题是没有标准答案的。因为面对灾难每个人的反应都是不一样的……"

我的话还没说完,一个女生站起来说:"老师,汶川地震的时候我们这里有震感,当时我们上小学四年级,正在上课,我感觉到地震了,马上举手告诉了老师。但是老师把我批评了一顿,让我们继续学习。我当时急得不得了,就胡乱收拾书桌。后来老师才组织我们跑。那天晚上我看电视上报道死了那么多人,心想:如果地震发生在我们这里,谁为我的生命负责啊!老师都不让我们跑……"

同学们哈哈笑起来。有学生说:"你们老师也真是的,就该他负责。"

我说:"大家刚才异口同声地说范老师的跑是出于本能,怎么现在你们这样谴责自己的老师啊?我再说一遍,在突如其来的灾难面前,每个人的反应速度是不一样的。"

学生这才不再埋怨。我说:"现在我想问同学们的是,在这几个人里,你最喜欢谁?"

学生1:"我喜欢范老师的校长。"

我问:"为什么?"

学生们说:"因为他很宽容。"

"因为他允许别人犯错误。他说对范老师应该开导、帮助、教育,而不是处分或开除。我估计他这样的校长不会轻易放弃犯错误的孩子。"

我说:"是啊!老师也是人,老师有时候也会犯错误。我们不能要求别人十全十美,所以我们对待他人要宽容一些。"

这时又有学生说:"我喜欢最后发言的心理学家卢悦老师。"

我问:"为什么?"

学生1:"因为他很善解人意,也很实在。"

学生2:"我也觉得卢老师很实在。他说自己有英雄情结,但是自己到了地震灾区后,仅仅是听别人描述,他就感觉自己做不了英雄。所以我觉得他很实在。而很多义正词严地谴责别人的人,很明显是站着说话不腰疼。"

又有学生说:"我喜欢范老师的朋友吴老师。"

我问:"为什么?"

"吴老师对朋友很仗义。而且,我注意到一个细节,就是当郭老师非常生气、非常激动的时候,吴老师走下座位跑过去安慰郭老师。他不是作秀,他是自然而然地走过去抚摩了郭老师的胳膊一下。虽然郭老师在反对他的观点,但他还是跑过去安慰与自己对立的人。我觉得他很宽厚。"

另一个学生说:"是的。尤其是他看见林格老师站着发言,自己马上也站了起来。我喜欢这样的老师,他在教学中肯定也是非常尊重学生的。就算学生在激动中和他争吵,他也会去抚慰学生。"

我不由得惊叹自己的学生竟有如此强的观察能力。

这时一直没有发言的课代表忽然站起来说:"我讨厌虚伪。尤其是那些高举道德旗帜谴责别人的人,在灾难来临之时更不可靠。比如,我们都觉得范老师没喊一声就跑是出于本能,是脑子里一片空白;而郭老师却一口咬定范老师是害怕学生阻挡他的路……亏他能想出来!他是不是就是这样的人啊?"

我吓了一跳,忙说:"你不是郭老师,你不能这样猜测人家。"课代表一愣,马上坐下,说:"那我不说了。"少顷她又赌气地问:"我可以喜欢范老师吗?"

我知道她对我有气,忙说:"可以啊!但是,你能告诉我你为什么喜欢他吗?"

"因为他很真实,他不虚伪。"

我点头,问全班同学:"你们觉得范先生还能继续当老师吗?"

学生异口同声:"当然能了。"

"为什么?"

学生4:"范老师这个人很有个性,他说学生在他的课堂上很自由,学生如果不听他的课,他会觉得自己做得不够好。他遇到事情会先从自己身上找原因。"

我这才将"范先生"改口为"范老师",同时引导:"所以,我们遇到困惑、烦恼,也要养成先从自己身上找原因的好习惯。这就叫'内归因',是很容易获得快乐和成功的归因方式。"(内省是本节课的重点之一)

一个学生很神往地说:"我特别想到范老师的课堂上感受一下。"

我问:"在这件事情中,范老师有做错的地方吗?"

学生们说:"有!"

"范老师是在什么时候明白自己的做法欠妥的?"

学生:"在事后他和老婆讨论的时候。""在大家都批评他的时候。"

我说:"这再次说明范老师有反省的习惯。"

这时,又有一个学生大声说:"我就是喜欢范老师这种反省的习惯。他遇到事情不推卸责任。"

我说:"对,反省是培养良好职业道德的最好方式之一。范老师在视频中说,他后来跟老婆讨论此事,他老婆说,当地震发生的时候,他首先想到的是自己跑而不是保护学生,这至少说明他对学生的爱还不够。所以,后来他首先就向自己的学生道歉。我想,如果以后再有这样的事情发生,范老师肯定会首先想到学生的。"

学生纷纷点头。

我马上不失时机地点拨他们:"可见,职业道德重在养成,而且应该从现在开始。"(这是教材的重要内容之一)

接着,我又问:"在视频的开始,郭老师痛斥范老师,说'教师是一个神圣的职业',范老师反驳说,他不认为教师这个职业是神圣的,他认为教师只是一个普通的职业,是众多职业之一。同学们对这些话有什么感触?"

学生们又一下子愣住了。

我启发说:"同学们认为教师这个职业神圣吗?"

学生迟疑着回答:"很神圣。"

我说:"那你认为哪个职业是不神圣的?洗脚妹不神圣吗?清洁工不神圣吗?警察不神圣吗?护士不神圣吗?"

学生这时忙说:"老师,上节课我们学过,职业没有贵贱之分,所有的职业都是平等的。"

我带头鼓掌说:"是的,职业没有贵贱之分,我们绝不能说教师就比清洁工更神圣。同学们将来是幼儿教师,你们千万不能看不起别的行业。我们都是平等的。"(这是复习以前的学习内容)

学生们纷纷点头,又有人说:"老师,我觉得教师这个职业还是比别的职业神圣,因为教师是人类灵魂的工程师。"

我说:"谁有资格做别人灵魂的工程师呢?难道教师的灵魂就一定比学生的灵魂高贵吗?"

学生纷纷摇头:"那可不一定。"

我说:"是啊!我们的灵魂都是平等的。谁敢说自己的做法就一定正确呢?刚才在视频里,范老师的校长认为对犯错误的老师应该持帮助、批评、教育的态度,但郭老师非常恼怒,认为这个校长是非不分。但是,谁能那么肯定'是'一定掌握在自己手中呢?谁有把握做别人灵魂的工程师呢?教师只是学生的启迪者而已。"

学生再次沉默起来。我知道这样的沉默是必要的。

最后我总结说:"今天通过看视频、讨论视频内容,我们得出了一些结论。最不受人欢迎的习惯是什么?"

学生纷纷说:"咄咄逼人、自以为是。""不倾听别人的话,不尊重别人。""不经过调查就乱给别人戴帽子。""认为自己气急败坏、声音大,就占住了理……"

……

我又问:"最受人欢迎的品质是什么?"

学生答:"宽容,就像范老师的校长一样,允许别人犯错误。""还有善解人意,像卢悦老师一样善于站在对方的立场考虑问题。""尊重别人,就像范老师的朋友吴老师一样,无论别人是不是反对自己,都能尊重别人。"

我拉长声音说:"职业道德重在——"

学生接着我的话回答:"养成。"

我问:"怎么养成?"

学生答:"关键是多做内归因、反省……"

我又问:"教师这一职业果真比别的职业神圣吗?"

学生答:"所有职业都是平等的。""职业无贵贱之分。"

……

这是《职业道德与法律》第二单元第五课的内容,本节课的主要内容是讲我们要通过内省提高自己的职业道德水平。这样的讨论,学生很喜欢,既学习了教材要讲的内容,也达到了德育的长远目标——完善学生人格,养成倾听、尊重、善解人意、平等等习惯。

下课后,我问自己:我可以这样上课吗?

如果这节课拿到优质课评比中去上,我将不得不面对一个很残酷的结局——失败。因为,我没有按照教材讲,没有按照大纲讲。但是,学生对这样的授课方式非常满意,他们认为这才是最有魅力的课堂。他们的很多观点在这节课里被颠覆了,却被颠覆得心悦诚服。职业学校没有升学压力,给了教师更广阔的空间去发挥,让课堂知识来源于教材却高于教材,可增加课堂的魅力。

## 策略32：水来土掩
——育人中的"无为而无不为"

如同大地允许辣椒长成樱桃或茄子的形状,班主任也要包容教学中遇到的各种学生,为学生提供他们需要的养分并包容他们。

"李老师,我觉得自己快要崩溃了……"

我面前坐着的是小昭老师——一个温柔善良的年轻班主任。她拿着一摞学生的考试总结泪水涟涟："我觉得自己得了'厌生症'。我讨厌学生。我看见他们就烦……"

我耐心地倾听着。

小昭擦擦眼泪,继续说："前天考试结束,我让学生写反思。你看看我们班小叶写的……"

我打开小叶的反思,只见上面写着："这次考试没考好。没考好的主要原因是我没有好好复习。不过我不会接受教训的,我以后考试也不会好好复习。我对学习不感兴趣。我对班级的一切都不感兴趣。我将来不会依靠现在学习的知识养活自己。我只要毕业证。老师,你也不用再找我谈心,我知道什么是对、什么是错。但即使是我错了,我爬也要爬着把错误坚持到底。所以,你找我谈心也是白谈,最后只能是把你气得流眼泪……"

原来,小叶的家位于都市里的村庄,她家在城市规划、拆迁中分到好几套房子,每套房子都价值几百万元。小叶是独生女,将来肯定衣食无忧,所以她胸无大志、不思进取。

小昭问:"我和别的学生谈心时会说'为了将来,你要好好学习……'但对小叶这样的学生,这些话根本不起作用。小叶早就说了,'上班挣的那点钱,根本就不够我零花……'她的父母也持这样的观点。你看我怎么遇到了这样的家长和学生!"

我一边点头表示理解,一边打开计算机找出一张图片,说:"我们来看看这个。"图片里有七八颗圆圆的、红色的果子,我问小昭:"你猜,这是什么?"

小昭:"樱桃?圣女果?枸杞……"

我摇头,讲了一个发生在自己身上的真实故事:

有一天,邻居送来半碗红色的果子,我没有细看,以为是樱桃,一边做饭一边拿起一颗放到嘴里,轻轻一咬,一下子被辣得龇牙咧嘴。原来这像极了樱桃的果子是辣椒。我是不吃辣椒的,不禁异常恼怒,抱怨道:明明是辣椒,怎么能长成樱桃的模样?

老公在一旁纳闷:"你怎么会有这样的念头?大千世界,无奇不有,你还能要求辣椒必须长成什么样?!"

一句话让我恍然大悟。再到网上一查,才知道辣椒除了长成樱桃样,竟然还有长得像缩小了的茄子的。但是,我们怎么能埋怨辣椒不按照常规长呢?

小昭沉默着不说话。

我继续说:"同样,我们又怎么能抱怨某个学生为什么和别的学生不一样呢?我们又怎么可能要求所有的家长都和我们拥有一样的价值观呢?"

小昭沉默良久,说:"李老师,我不抱怨小叶为什么会这样。但我该怎么教育她呢?我该怎么改变她呢?她很固执,她现在根本不听我的话。"

我说:"她现在不听,不代表以后也不听。这就好像植物的种子,有的春天埋下去,一周后就发芽了;有的却要等两三个月甚至一两年。只要这个种子是饱满的、健康的，就有发芽的希望。"

小昭："那倒是。总有一天，她会明白老师要求她学习没有错。"

"这就说明你的教育是有效的。"

小昭："但我希望小叶现在就能听话。"

我说："我们都这样希望。可是小叶听不听老师的话，关键还在于她自己。"

小昭十分纳闷："那我就这样任由她不学习吗？这岂不是不负责任？这岂不是不作为？"

我说："当然不能任由她不学习。不过你现在干涉她、管教她、说服她……有效果吗？"

小昭摇头："没有效果。我快要被她气疯了。"

"班里别的同学表现怎样？"

"大多数同学都积极上进。但是每天早上一看见小叶像只虫子一样懒洋洋的，什么都不学，我就气不打一处来，甚至对全班同学都讨厌起来。"

我说："班里那么多积极上进的孩子你不关注，却只把眼光放在小叶一个人身上，这似乎对多数同学不公平啊！"

小昭含泪苦笑说："照您的意思，我就眼睁睁地看着小叶不学习，不去管她吗？"

我说："你干涉、管教无效，那就暂时不强迫她，并且告诉她，老师允许她有自己的思想，但是她不能影响其他同学学习，不能影响班级纪律、卫生，在这个前提下，她可以按照自己的思路去走自己的路。同时，我建议你不时地和她聊聊天，用你的观点熏陶她。比如，你可以不着痕迹地和她谈谈马斯洛的'需要层次论'，让她明白人最低层次的需要是生存的需要，第二层次是安全的需要。显然，这两样她都有，因为她家里有钱。第三层次是爱和被爱的需要，第四层次是被尊重的需要，这两种需要她未必能满足。因为爱是一种能力，被别人尊重更需要有被尊重的理由。倘若不学无术，怎么可能得到周围人的爱和尊敬呢？最主要的是第五层次的需要——自我价值实现的需要，也就是通过学习、工作向自己证明，自己对整个社会、对人类是有用的，是有价值的。这是高层次的需要，这样的感觉是金钱买不来的……"

……

看着小昭远去的身影，我想，近年来，常有学校领导在听过我的讲座后说："李老师，总有一些年轻教师，一进我的办公室门就泣不成声，说'不干了！实在被学生气得不得了'。细问下来才知，一个班里顶多只有三四个学生调皮捣蛋气老师，大部分学生是沉默的中间层，剩下十几个学生还是老师的坚决拥护者呢。但是，老师的关注点总是落在这几个不懂事的学生身上，把自己搞得怨气冲天、狼狈不堪……"

如同大地允许辣椒长成樱桃或茄子的形状，班主任也要包容教学中遇到的各种学生，为学生提供他们需要的养分并包容他们。比如，老师可以团结骨干，吸引班级沉默的大多数（这是我们的"根据地"，只要他们积极向上，少数"捣乱分子"就乱不到哪里去），然后再尽可能地熏陶、感染、影响少数调皮捣蛋的学生，而不是被少数学生的问题牵着鼻子走。

说到包容，我想起"黄庭禅坐"，有一个环节是：把自己的身体想象得犹如太虚一般。太虚就是宇宙。太虚的可贵并非空无一物，而是能包容万物。比如，太虚里面有河川星斗、风雨雷电、飞禽走兽、草木丛林……如同我们在教育生活中遇到的学生，或者个性张扬，或者文静娴雅；或者巧言令色，或者桀骜不驯……我们也应该像太虚一样接纳他们。既接纳聪明好学的学生，也接纳问题重重的学生；既接纳他们积极、光明、正确的一面，也接纳其消极、灰暗、错误的一面。总得有人去当他们的老师，陪伴他们成长。我们若嫌弃这些学生，任性地把他们推出校门，对学生、家长、社会都是不负责任的。何况，即使我们不接纳，他们也是社会的一员，也依然存在啊！

禅坐时身体不可避免地会有种种不适，比如脚麻、腿酸……我们只能静静地体会，如同体会宇宙中的风和雨一样。现实里"问题孩子"带给我们的烦恼、伤痛类似于禅坐时身体的不适，我们要像太虚包容风雨雷电的存在一样，包容各类学生带给我们的麻烦。很多错误也只有青春期的孩子会犯，而我们的任务就是陪伴这些孩子成长，所以不要抱怨"这个孩子怎么会有这么多问题"，这就如同医生不能抱怨病人"你怎么得了这样难治的病"。

班主任若能想通并做到这些，心态就不会过于焦躁，情绪就不会太过烦闷。因为，他（她）已经有了太虚的境界。

也许，有的老师会说：不行啊！我看见学生那些毛病就忍不住要发愁、郁闷、火冒三丈……

问题的关键是：我们发愁、郁闷、火冒三丈……对处理问题有用吗？所有的"问题学生"背后都是一部内容丰富、情节曲折的长篇小说，这些负面情绪只能导致我们把注意力放在问题的表面，只能让事情越来越糟。当我们遇事能保持从容、淡定、理智、接纳的态度时，智慧才能接踵而至。

人们说佛学里有大智慧。究其原因，佛学的智慧可能就在于它讲究包容。理智地分析班级故事的根源、学生问题的本质，武林中有"无招胜有招"的说法，用在教育界，"无招"就是接纳、包容。

同样的问题，还可以用道家的思想去解决。

很多老师的烦恼都在于：学生怎么能不听我的话呢？

要求学生必须听自己的话，烦恼必定会降临（"听话"和遵守校规、班规是不同的概念。校规、班规代表了多数人的意愿、权利，是必须要遵守的，老师可以通过班会讨论，与全班学生一起达成共识）。每个学生在青春期的表现都不一样，当他们淘气、犯错时，老师的批评、引导是必需的，但过分的干涉往往会激起更强的逆反心理。换句话说：给不给建议，是老师的事；但听不听老师的建议，却是学生的事。倘若学生不听从老师的建议，导致他们闯祸、碰壁，老师大可不必为此火冒三丈或内疚。这也许是孩子成长的代价。冰心说："让孩子像小草一样成长。"这句话说的就是给孩子成长的自由；教育界也有智者说："不要剥夺孩子疼痛的权利。"这句话说的是允许孩子犯错误并接受惩罚。中国还有句俗话叫"牛不喝水强按头",意思是强按住牛头让牛喝水是不明智的。你不强按牛头,牛自己也会去喝水。很多时候,青春叛逆期的学生抗拒的不是我们要传授给他们的真理,而是抗拒我们的传授方式,所以他们才会说:"我知道什么是对、什么是错。但即使是我错了,我爬也要爬着把错误坚持到底。"当我们不再强迫他们必须接受我们的观点时,他们也许自己就会主动选择正确的答案。这不是不作为,而是老子的"无为而无不为"。

也许有老师问:"教师也是人,也有七情六欲,在工作中因学生问题有了焦虑、烦恼以至火冒三丈,怎么办?"

我们既然如太虚一般接纳了各种学生,当然也要如太虚一般接纳不完善的自己。在工作中因学生问题而伤感、郁闷时,千万不可排斥、压抑这种情绪,那样更容易出现心理问题。我们应该找一个安静的地方,如同体会外界的风雨一般或者如同体会禅坐时身体的不适一般,细细体会那种伤感、那种痛,同时安慰自己、呵护自己。这种置身"伤感、疼痛"事外的做法是最有效的减压方式。须知,人最大的爱心是呵护好自己的这颗心。这样静坐1小时后,谢谢自己,再给自己加油,心情便会轻松、晴朗起来。

用阳光心态去面对班级里的学生,就会发现我们的孩子很可爱,我们也绝不会患上"厌生症"。

## 策略33:迂回曲折
### ——走"弓背"不走"弓弦"

当学生心情愉快、满怀热情地要聆听老师的教诲时,我们当然要走"弓弦"。当学生情绪极不稳定,横眉立目要和老师大动干戈时,就是"敌强我弱"的时候。这时我们无论说什么话,对他们都不会起作用。与其正面交锋、发生冲突,不如选择逃避,"只走弓背而不走弓弦!"

"只走弓背而不走弓弦！"这是红军长征四渡赤水后，林彪指责毛泽东军事路线时说的话。事实证明，四渡赤水，毛主席在敌强我弱的情况下，避实就虚打运动战、游击战，是完全正确的。

在看电视剧《长征》时，我领悟到走"弓背"与走"弓弦"的理论同样适用于班级管理。

学生和老师属于不同的阵营。这个观点在许多老师的心中已经形成了共识。确切地说，老师的敌人并不是学生，而是学生的毛病。为了改正学生的错误，老师免不了要和学生斗智斗勇。我们究竟怎样才能在"斗争"中获得真正的胜利呢？当学生心情愉快、满怀热情地要聆听老师的教诲时，我们当然要走"弓弦"。当学生情绪极不稳定，横眉立目要和老师大动干戈时，就是"敌强我弱"的时候。这时我们无论说什么话，对他们都不会起作用。与其正面交锋、发生冲突，不如选择逃避，"只走弓背而不走弓弦！"当然，我们的离去并不表明就此罢休，等学生理智一些的时候再交锋，相信效果会更好。

例如，前天上完早读，我在校园里遇见了怒气冲冲的贾老师，她张口就说："气死我了！我怎么遇到了晶晶这样的学生！"

细问之下才知道，新学期贾老师为学生调座位，晶晶怎么也不愿到老师指定的位置就座。现在的孩子犟起来什么都不管，晶晶当场就和班主任顶撞起来。贾老师气得直打哆嗦："她当场和我顶嘴啊！她恨不得跳脚大骂，影响太坏了！不行！我还得找她去，我要让她的家长过来！我还要把这件事报告给政教处！"

我当时急着去上课，只是说："我建议你先冷静一下，别急着处理这件事。"但她哪里肯听……

两节课后，我回到办公室，贾老师一筹莫展，还在生气："政教处让我先和晶晶的家长联系，可是她的家长不来，我该怎么办？天哪！我怎么遇到这样一个学生！"

她的话没说完，晶晶来了："老师，就按你的意思办，我同意换座位了！"

晶晶回去了，贾老师也高兴了，她本就是个心无城府的人，既然晶晶答应换座位，也许她认为自己胜利了。

然而，我却在思索：贾老师真的胜利了吗？她真的让晶晶心服口服了吗？直觉告诉我，贾老师不过是借用"请家长"和政教处的力量让晶晶暂时答应了，她并没有真正获得胜利。

那么，什么才是真正的胜利呢？

让学生和老师心连心，让学生对老师的做法心悦诚服，才是真正的胜利。而老师依靠自己的角色权力逼学生就范，绝对不能算胜利。但要获得真正的胜利何其难！和真正的战争不一样的是：我们所要做的是尽可能地让学生成为老师的朋友而不是敌人（真正的敌人是学生的毛病）。能使学生和老师一条心，便获得了胜利；否则，即使老师利用权力强制学生服从了自己的命令，也绝对算不得胜利。我们的目的并不是让学生"听话"，而是让学生"懂理"。

所以，当学生失去理智和老师争吵的时候，老师最明智的做法就是：远离战场，走毛主席长征时的军事路线——"只走弓背而不走弓弦"。等学生冷静下来了，也就表明"敌人"的气焰不是很嚣张了，再做工作岂不更好？

老子说："天下柔弱莫过于水，而攻坚强者莫之能胜，其无以易之。"又说："善为士者不武；善战者不怒；善胜敌者不争。"中国人很讲究迂回曲折的行事方法，这样的道理用于教育同样实用。

我设想了一下：在晶晶拒绝换座位的时候，老师可先不发火，私下里问晶晶拒绝的原因。倘若拒绝有理，不换也行；倘若没有道理，再做工作，一定会比将事态闹得如此大，以至惊动家长和政教处要好。

其实，班主任动辄请家长或找政教处，很容易给学生这样一个印象：老师拿我没办法了！这岂不是教师最大的失败？

所以，当我们生气、着急，恨不得请家长或找政教处时，应该考虑一下，我们应该走"弓背"，还是走"弓弦"？

## 策略34：善意引导
### ——治班级如烹小鲜

治大国若烹小鲜，治理班级也若烹小鲜。当我们否定学生、干涉学生的时候，学生出于本能，会处于自我防卫状态。处于自我防卫状态的人时刻准备着反驳对方，他们的心是抗拒的，这时我们的说教、批评不但不起作用，还会起反作用。

我们学校对学生的仪容仪表有规定，男生的头发不准遮住耳朵。有一天，我发现班里的一个男生理了个"怒发冲冠"的发型。严格说起来，他也没有违反校规——因为他的头发没有遮住耳朵，但是他的头发上抹了发胶，一根根直立着，确实很刺眼。我若马上批评，他必然会产生逆反心理，会感觉老师反对的不是他的发型，而是他的审美甚至他整个人。所以，我只是在和他聊天时很随意地说："你今天的发型好特别！"——注意："特别"一词既不是褒义，又不是贬义。但是他很开心（他原以为我会批评他），问："老师，您是不是感觉我的发型很酷？"

我没有正面回答，却说："你妈妈怎么看这个发型？"

"她说了我，她认为不好看。"

"同学们呢？"

"同学们都说学校领导会批评我，他们认为您也会批评我。"（他果然在试探我。当我们还没开口，学生就能猜出老师会说些什么，那老师就不如不说。）

我反问："你认为学校领导会批评你吗？"

"不知道。也可能会吧！毕竟有点儿与众不同。"

我说："这样的发型确实很有个性。老师和你一样大的时候，也喜欢个性。后来感觉个性固然重要，但相对于漂亮、得体，个性还是略逊一筹。"

男生问："老师，您是不是认为我这样子不好看啊？"（孩子毕竟是孩子，我们不批评他,他反而会主动说出我们要说的话。)

我拿出一面镜子递给他:"从审美角度看,脑门宽一点更美。你看你这怒发冲冠的样子,让头顶显得很尖。"

男生盯着镜子看了一会儿说:"我也感觉不是太好看,但是看到别人理这样的发型觉得很有个性,就模仿人家了。"停了一会儿他又说:"老师,我不明白,既然这个发型不好看,为什么那些人还要留这样的发型?"我说:"这个怒发冲冠的发型很容易让人想到'愤青',就是看什么都不顺眼、经常愤怒的小青年。你看,怒发冲冠嘛,这个发型反映了'愤青'的心理……"

我的话还没说完,那男生就笑着说:"我不是'愤青'啊!这似乎不是个好词。下午我就把发型还原,免得领导批评我,还要听妈妈的唠叨……"

在整个讨论的过程中,我给了这个男生充分的自由,我尊重他的选择,我没有指责他应该怎样、不应该怎样,他反而决定放弃这个发型。

这就是"治班级若烹小鲜",来源于老子所说的"治大国若烹小鲜"。有道君王在治理一个很大的国家时,就像煎小鱼一样,不会随意干涉民众。

在教学中,在班级管理中,我们常常说老师要引导学生。"引导"是什么意思?我想,如果谁想引导我的话,他的方向必须和我是一致的。他站在我面前说不能这样、不能那样,我才不会听他的。青春期的学生更是如此。所以,在和学生讨论的过程中,我们首先要和学生的目标方向一致,换句话说,要无条件地接纳学生的优点、缺点,尊重他们的个性、思想,尊重学生的差异、人权,把对方当成单独的个体去看待,让学生成为他自己,而不是我们希望他成为的那个人。这样的引导才有效。

再如,2010年某个周四,学校照常开班主任例会,发到每个班主任手里的是班级量化考核表,虽然没有排序,却凭空给人带来无限压力。大家纷纷在内心计算着自己班级的名次。我们班的量化分数在全校属于比较高的,但在我们学前教育部,学生的行为规范量化考核却是倒数第一名——虽然比正数第一名少了不到1分,但还是学前教育部的倒数第一名!

回想起学生灿烂的笑脸，我忽然有了想哭的冲动：我的学生虽然有这样那样的小毛病，却真诚、善良、活泼、可爱，哪里就比别班的孩子差呢？为什么就在行为规范量化考核中得倒数第一名呢？无非是在学生会检查时忘记了把头发扎起来（我班是纯女生班级，因有舞蹈课，都留了长发。在学生会干部检查的时候，长发没有扎起来，就要扣行为规范分数），不到1分的差距，落实到心灵、才情、学识上，究竟有多少差别？

晚上翻书，我又一次看到王晓春老师的话，王老师一向是不赞成评比的，他说：评比致命的弱点是，只能看到最表面的东西，人类几乎一切深层次的东西（个性、情感、态度、价值观、能力、创造性等）都是无法评比或很难评比的。所以，学校现在的评比是一种非常可怕的导向，它往往使师生只注意最表面的行为、最切近的结果……

我有了主意……

站在讲台上，我将班级量化考核名次公布后，没有批评任何人，却将王老师关于评比的言论复述一遍，同时充分肯定学生在个性、情感、态度、价值观等方面的优点，最后宣布：在行为规范考核上，我们下周的目标是：坚决不得倒数第一名，争取得倒数第二名……

学生哄堂大笑。笑声渐息，慢慢变成了会心的笑、自信的笑、含着泪花的笑。

自此，同学们格外注意自己的言谈举止，因为老师说他们深层次的美好品质那么多，实在不该是倒数第一名……

在以上两个案例中，我不但没有批评学生、干涉学生，反而在肯定学生、理解学生、鼓励学生，学生却主动按照我的期望去严格要求自己了。

治大国若烹小鲜，治理班级也若烹小鲜。当我们否定学生、干涉学生的时候，学生出于本能，会处于自我防卫状态。处于自我防卫状态的人时刻准备着反驳对方，他们的心是抗拒的，这时我们的说教、批评不但不起作用，还会起反作用。

## 策略35：巧言讽谏
### ——小故事蕴含大智慧

对于班级里出现的一些不良现象，老师若一味对学生耳提面命，难免引起学生反感、阳奉阴违或者直接对抗。这时老师不如讲个故事、笑话，幽默一下，让学生在轻松、和谐的氛围里接受批评。因为小故事里蕴含的大智慧能让学生深刻地反思自己的错误，接受老师的建议。

下课铃一响，小高就呼朋引伴："走、走、走，同去厕所，我请客……"

我很纳闷，小声嘀咕："去厕所还请什么客？"却见女生捂着嘴笑。询问下来才知道，小高是请男生去厕所抽烟……

此类撺掇别人违纪的事例绝不在少数。回想一下，我所带的每个班级里总有几个调皮捣蛋的学生，有意无意地要和班级积极向上的舆论唱反调。当老师批评他们的时候，他们还满脸无辜的真诚模样，似乎不明白自己究竟犯了什么错。

我该怎样让这些孩子明白自己的行为不妥呢？

班会时间，我讲了一个故事。

从前，有一个和尚和一个屠夫是邻居，他们都很勤奋。和尚每天都要早起念经，屠夫每天都要早起杀生。后来，和尚和屠夫商量，每天早上谁先醒来，谁就呼唤另一个起床。从此，和尚若醒得早，就叫屠夫起床；屠夫若醒得早，就叫和尚起床。多年后，和尚和屠夫都去世了，和尚入了地狱，而屠夫却上了天堂。和尚感觉很不公平，找佛祖讨说法："我每天念经，屠夫每天都杀生，为什么最后我下了地狱，而屠夫却上了天堂？"佛祖说："是啊！这么多年来，你想想自己每天醒来后第一件事情是做什么。你是叫屠夫去杀生！而屠夫每天早上醒来后第一件事情是做什么？他是叫你去念经。所以，屠夫上了天堂，而你下了地狱……"

学生哄堂大笑。

我说:"这个故事说明了什么?"

有快嘴的女生笑着回答:"你撺掇别人做坏事,比自己亲自做坏事还要可恶!何况你自己也做了坏事!"

我也笑着说:"这就叫'始作俑者'。咱们现实里有这样的人、这样的事吗?"

学生纷纷回答:"有!"

我问:"谁来举例说明?"

学生们笑着摇头不说。

我说:"你们不说,我要说了啊!比如,我上高中的时候,有个同学周一不想上早操,周日晚上她就说:'明天早上谁五点半起床谁就是猪……'"

学生又一次哄堂大笑:"老师,我们寝室里也有人这样说。"

我笑着说:"撺掇别人违纪,罪加一等!"

几个学生指着一个顽皮的学生笑:"呵呵!罪加一等,该下地狱!"那个顽皮的学生也跟着笑。

我又说:"我上学的时候,还有同学喜欢当红娘。他自己谈恋爱也就罢了,竟然给人家牵线搭桥。"

学生又笑,指着另一个学生说:"你!自己谈就算了,还给人家牵线搭桥。"被指的那个学生也红着脸笑,我明知故问加了一句:"咱们班也有这样的同学吗?那我们欢迎对号入座啊!"

笑声中,有人说:"对了老师,咱们班还有人因为自己想抽烟,就撺掇身边的人跟自己一起去厕所抽烟。其实,别的同学本来不想抽的……"终于进入要谈论的话题了。我问:"真的吗?这可真是大千世界无奇不有啊!竟然有人喜欢厕所的味道?这真是个奇特的爱好。"

小高红着脸说:"老师,以后我不会再这样了……"

对于班级里出现的一些不良现象,老师若一味对学生耳提面命,难免引起学生反感、阳奉阴违或者直接对抗。这时老师不如讲个故事、笑话,幽默一下,让学生在轻松、和谐的氛围里接受批评。因为幽默是一种力量,可以愉悦的方式表达人的真诚、大方和善良。在老师的众多优秀品质中,最受欢迎的品质,除了真诚,就是幽默。如果说真诚是一种态度,幽默就是一种素质、一种能力,需要我们修身养性、努力培养才能形成。而小故事里蕴含的大智慧能让学生深刻地反思自己的错误,接受老师的建议。

所以,班主任最好能掌握100个以上的小故事。读者朋友在我这本书里会读到很多用故事引导学生的文字。在此我只想说,会讲故事的班主任必然是深受学生欢迎的老师,很多班级问题都能迎刃而解。

## 策略36:善思善感
——多情最是佛心

听听学生的心声:他们喜欢的是感情丰富、细腻、善感、敏感的老师。这样的情怀对于青春期的孩子本身就是一种吸引力。我们是否应该以这样的情怀去管理班级呢?

操场上,学生正在打扫卫生。暮春时节,桐花黄绿色的花蒂均匀地铺在地面上,学生打扫得认真,但是并没有将花蒂清扫掉。

领导走过来问:"你们怎么不把这些扫掉呢?"一个男生很真诚、很耐心地辩解:"老师,这不是垃圾!"领导很纳闷:"这不是垃圾是什么?"十多岁的孩子一本正经地回答:"老师,这是植物,不是垃圾。"

我在一旁听着,哑然失笑。孩子回答得多好。"这是植物,不是垃圾。"桐树的花蒂落在地上,我们看着不整洁,但在孩子的眼里,那是一道风景。

教育中,我们曾多少次埋怨学生调皮、捣蛋、爱说话、爱做小动作甚至爱打架等，我们把这些当作学生的毛病，但认真想一想，一个青春少年不调皮、不捣乱、沉默寡言、循规蹈矩，这才是我们想要看到的吗？

我有一个儿时的伙伴，为人极严谨，做事很认真，一向是童年时代我学习的榜样。有一次，小伙伴的妈妈要回姥姥家，要求小伙伴在家里看住十只小鸡，不能让它们丢了。

当时，小伙伴也就五六岁吧，却极为负责，他非要让那些小鸡排好队，跟在他身后走。小鸡不听话——小鸡当然不听话了——小伙伴就被气哭了。

想一想，我们做老师的，是否也一直在重复我那严谨、认真的小伙伴的苦恼？

孩子贪玩、淘气、吵闹，甚至因一言不合就扭打在一起……也许不是毛病，而只是天性，是青少年固有的青涩，是不了解秩序社会的规则而无意犯下的错误，用一种充满诗意的眼光去宽容他们，能重温我们久违的童趣呢！

前段时间，我买了一盆栀子花养在办公室里。也许因为换了环境、换了花盆，我又不太懂栀子花的习性，栀子花日渐枯萎。我急忙到网上查此花的喜好，改变了浇水的频率，栀子花很快就有起死回生的苗头。偏偏此时上级部门要检查我的工作，即将枯萎的栀子花养在办公室里实在不雅观。检查那天，我打算把它放到校园中人迹罕至的角落里。当我抱着花盆走出办公室时，心头涌起阵阵伤感，我觉得这棵栀子花就好像学生一样，它在生长过程中走了弯路，生了病，甚至它生病的原因不在自己，而在园丁。它自己是想活下去的，我不能就这么舍弃它。等检查结束，我还会把它抱回来……这样想着，我忍不住流下了两行清泪，恰巧被外班的学生看见，问我怎么了。当我把自己的所思所感说出来，学生感叹说："原来老师这样多愁善感，您真是一个好老师。单凭您这一点，我就喜欢您……"

听听学生的心声：他们喜欢的是感情丰富、细腻、善感、敏感的老师。这样的情怀对于青春期的孩子本身就是一种吸引力。我们是否应该以这样的情怀去管理班级呢？

再如，教室里养了一盆吊兰，郁郁葱葱的，煞是可爱。我喜欢闲暇时盯着吊兰沉思，有时学生也会和我一起欣赏。我便对学生说："我们做人就应该像吊兰一样。"

"为什么？"学生如此问。

我说："你看吊兰的生命力多么旺盛，只要有水有土，它就蓬蓬勃勃地生长。甚至没有土，只有水，它也能成活。我希望同学们的生命力也像吊兰一样旺盛，无论在怎样清贫的生活里，都能健康、快乐。其次，吊兰有净化空气的功效。我们活在世上，也要像吊兰一样，不仅自己美丽，还要用自己的美丽感染身边的人，让社会环境更好……"

学生频频点头。

我又加了一句："所以，我们不能打架、骂人、发牢骚。切记：发牢骚是对环境的一种污染。"

学生又问："那么，我们又怎么去净化社会空气呢？"

我说："不但自己要做好事，当你看见别人做好事的时候，还要表扬他们。"

学生说："我们的表扬有什么用啊？我们又不是领导。"

我说："我经常到外地的一些宾馆去。有一次我到西安，看见有的服务员服务周到热情，我不但在口头上表示感谢，还写了一封感谢信给他们的领导。你想啊！领导也希望服务员对客人热情周到，苦于他们不知道谁的服务更好。我们写一封感谢信，领导不就知道了吗？这样一来，这个服务员会更加热情周到地为别的客人服务，别的服务员也会向她学习。这就是净化空气……"

这其实是让德育融入我们生活的点点滴滴，不但不会引起学生的反感，还能让学生听得津津有味。因为，他们感受到了老师的善思善感以及善于发现美的眼睛、宽厚的心灵。当他们关心班级、关心同学，看见班级里的好人好事还持赞同的态度时，良好的班风就形成了。当学生学会自己管理自己时，班主任的时间和精力就被解放出来了。

## 策略37：换位思考
### ——陪学生思索爱情

我希望我的学生有见识、有眼光、懂得多一点。我知道一切教育都是为了提供"知识储备"，否则就会"书到用时方恨少"，因此我召开了一个又一个以爱情为主题的班会。

大学时代，在课堂上被老师反复强调的好多观点我都忘得一干二净了，却对合唱老师在下课后随口说出的几句话记忆犹新。那个风度翩翩、满腹经纶、教我们合唱指挥的中年教师，在一个阳光明媚的下午随口说："对我们普通人来讲，人的一生，最重要的事情可能就只有两件：一是婚姻；二是事业。如果一个人拥有美满幸福的爱情婚姻，回到家里与爱人相知相守、相亲相爱，来到单位能独当一面、学生喜欢、同事敬重，哪怕这个人一直过着清贫的生活，他也拥有一个圆满的人生；如果一个人事业有成，却没有甜蜜的爱情，他的人生无论如何粉饰，都是有缺憾的；倘若一个人在单位工作不踏实，被同事、领导看不起，回到家里又和爱人争吵、冷战，离心离德，导致家庭矛盾，这个人的一生毫无疑问是失败的，即使家财万贯、拥有靓车豪宅也是失败的。"

从那时起，我就知道了爱情婚姻和工作事业同样重要。遗憾的是，我们接受的教育往往重视学业而忽视爱的能力。

弗洛姆在《爱的艺术》里说："爱是一门艺术吗？如果爱是一门艺术，那就要求想掌握这门艺术的人有这方面的知识并付出努力。"

巴拉塞尔士说："一无所知的人什么都不爱。一无所能的人什么都不懂。什么都不懂的人是毫无价值的。但是懂得很多的人能爱，有见识，有眼光……对一件事情了解得越深，爱的程度也越深。如果有人以为所有的水果都同草莓一起成熟，那么他对葡萄就一无所知。"

我希望我的学生有见识、有眼光、懂得多一点。我知道一切教育都是为了提供"知识储备",否则就会"书到用时方恨少",因此我召开了一个又一个以爱情为主题的班会。由"什么是爱情",歌颂爱情的纯洁高尚;由"一棵开花的树",谈到爱的要素;用"说给花季少女的10个小叮咛"提醒学生苹果还没有熟,必定又酸又涩;由"讲给青春少男的10个小戒律"告诉学生,什么是可以做的,什么是绝对不能做的……

比如我曾写过《男人味儿是什么味儿》,谈到男人的胸襟、理想、责任心,当男生不认真值日的时候,我们便根据班规,让他们在讲台上背诵《男人味儿是什么味儿》;我还写过《女人味儿是什么味儿》,文中写道:"……女人需要的调味,不外温柔、善良、阳光、热情、从容、淡定、知书达理、温文尔雅、成熟而不失纯真等。我相信,卓文君和李清照都不仅仅是依靠自己的美色名留千古的……前卫不是女人味儿,不要以为穿上一件古怪的衣服,烫个爆炸头,戴几个耳钉,外加一件露脐装,就有味儿了。这样的味儿是一种'怪味儿'。有钱的女人不一定有女人味儿。物质堆砌不出女人味儿,化妆品只能造就女人的皮肤。有的女人浓妆艳抹、穿金戴银,但她一开口就让人感觉铜臭有余而情调不足,情调不足则索然无味。古人云'腹有诗书气自华',爱读书的女人肯定有味道,那么,就让我们从今天开始阅读吧……"女生若涂脂抹粉,仪表不符合校规要求,便要背诵《女人味儿是什么味儿》。学生对这样的处罚是不排斥的,他们在潜移默化中就明辨了是非,提高了审美能力,知道什么是能做的,什么是绝对不能做的。

同学们知道我比较开明,男女生互有好感甚至要"早恋"的事并不刻意瞒我。比如,班里的蒙蒙和小斌有"早恋"倾向。蒙蒙的学习习惯很好,小斌却经常在课堂上睡大觉。我是不会"棒打鸳鸯"的,却在小斌违纪后感叹:"现在上课睡大觉,将来你的家人就免不了饿肚子。你对家庭实在是太不负责了……"没多久蒙蒙就提出和小斌分手,原因是"小斌整天不好好听课,就知道玩、睡觉……"。这是他们自己做出的选择,我可没有拆散他们。而小斌也会因此进步,因为他想拥有男人味儿,增强自己的责任心。

再如,小华是一个敏感、单纯、有理想的男生,专业课成绩不错;女生古莲聪明漂亮、乐感好,却有抽烟、打架的习惯,学习也不认真,乱讲朋友义气。有时候,那些成绩优秀的男孩子会被身上有"邪气"的女生吸引,小华和古莲便是如此,他们的交往越来越密切了,我深知"王母娘娘"不好当,只能继续在班里引导学生理解"女人味儿是什么味儿"。

一个月后,小华约我谈心时没头没脑地说:"老师,我感觉人与人之间太可怕了,全都是心口不一,全都是当面一套、背后一套。"我一惊,以为他的人生境界达到了禅宗所说的"看山不是山,看水不是水"(青春期的好多孩子都处在这一时期,他们看什么都不顺眼,俗称"愤青"),便细细讲解,想让他早日明白"山依旧是那座山,水也还是那些水"。小华若有所思地点头,却主动将话题引向古莲。我问:"你现在和古莲的关系如何?"小华答:"其实我有时候心里烦她,表面上却还对着她笑……"我惊叹:"原来你说的'心口不一',是你自己对古莲的态度啊!"他很诚恳地点头,又苦恼地问:"老师,我是不是很虚伪?"我很肯定地回答:"你不虚伪,你只是太善良,你不愿意让古莲伤心。不过,你不喜欢她却欺骗她,这是对她最大的不公平。只要有真诚、尊重、宽容,你们还是可以像一般朋友那样很好地相处。"小华对我的回答很满意,最后却又问:"老师,您跟我说实话,古莲到底是不是个坏女孩儿?"

我的脑子飞快地转着:我若说古莲是好女孩儿吧!她分明抽烟、打架、不认真学习……但是,我怎么能随便说自己的学生是坏女孩儿?古莲若听到这样的评价,还不得气死或者破罐子破摔?

于是,我很肯定地回答:"古莲不是一个坏女孩儿,她是一个有很大毛病的好女孩儿,我们都希望她早日克服那些毛病……"

小华和古莲后来分手了,两个人依然十分信任我。这就是真诚的作用吧!我的学生真诚待我,让我不能不保留和他们一样纯真的心。我曾说,女人味儿的调味料包括"成熟而不失纯真",现在想来,我的成熟固然源于学生的"逼迫",我的纯真岂不也是拜学生所赐?

一旦学生认识到爱情在每个人生活中的重要性,我便开始与学生探讨什么是真正成熟的爱。我首先设计爱情教育主题班会,其次是给学生写信,并讲述身边老师的爱情故事。

在爱情教育中需要注意以下几个方面。

(1)要避免爱情教育的班会流于表面,成为歌舞大杂烩。因为我们不仅要和学生一起探讨很有趣味的故事,还要让学生在探讨故事的同时明白并接触一些关于爱的知识。爱情教育是一个很严肃的话题,我们要通过班会、书信等让学生触摸到爱的真谛。

比如,第三次班会是"叶与树的爱情",我用网络上的一个配图短文作为引子,师生一起展开丰富的联想,在歌唱、朗诵、讨论中明白关心、责任、尊重、认识等在爱情中的作用,明白相爱的人之间若没有尊重,责任心很容易异化为对别人的控制或奴役。现实里有很多妻子就是这样,明里说自己爱丈夫,为丈夫负责,事实上管得太多,无形中是在控制丈夫,这就让丈夫很反感。在班会的最后,我们得出结论:"不要把尊重当成惧怕。以前有很多女人怕丈夫,现在有很多男人怕老婆,这样都不好。正如弗洛姆所说,'尊重别人不是惧怕对方。尊重就是努力地使对方能成长和发展自己'。"因此,尊重绝无剥夺之意。现在男人怕老婆,把自己的个性都磨灭了;女人也为自己能改造老公而自豪,其实这样难以得到真正的爱。如果我爱那个人,就应该接受他本来的面目,而不是要求他变成我希望的样子。所以,有的人总想控制别人(包括孩子),那是缺乏爱的艺术的标志,必然导致所爱之人(包括孩子)的不满……

(2)教育形式要多样,一般有小品、舞蹈、歌唱、朗诵等。舞蹈和歌唱的作用自不必说,这是让学生接受美的熏陶;对于小品,不要小看。很多事情发生在现实生活里,不能引起学生的深思,但这些事情一旦用小品表现出来，就让观众感到特别好笑或特别可悲。下次再遇到类似的情景马上就能想起演过的小品。另外，小品如今受到大众的欢迎，究其原因，是因为小品没有说教，能意会的，小品就绝不言传。这就是让人们自己去体验发现真理的快乐。就我们的学生而言，他们处在青春期，最不喜欢说教。被人耳提面命本来就表明信息接收者的弱势地位，而我们的孩子——包括成人，都渴望自己去发现真理、感悟真理、触摸真理。

（3）在讨论的时候，老师要做好充分的思想准备以应对"意外"的出现。比如，现在学生的价值观和我们很不一致。他们常常把一些西方的、时髦的、成人化的观点糅合到一起，产生一种自认为很合理的价值观。举个例子：两年前，我带学生欣赏歌剧《白毛女》，杨白劳喝盐卤自杀了，喜儿在那里呼天抢地地大哭。有的同学看到这里开始跟着吧嗒吧嗒地掉眼泪，有的同学就想不通了，说：这杨白劳也真是的，你死个什么劲儿啊？！欠债的是老爷，要账的是孙子，要死也该黄世仁去死啊！而且，你把喜儿嫁给黄世仁有什么不好？他又没结婚，又有钱，喜儿傍个大款多好啊！……好多学生就是这么想的。歌剧欣赏到这里，就必须停下来，转而进行一场关于价值观的讨论。我们不怕学生在活动中说实话，说了实话老师才好对症下药。现在学生的许多观点都让我们觉得不可思议、大跌眼镜。你不让他发言，表面上看班级很平静，其实暗潮汹涌，说不定哪一天他就做出一件让你我瞠目结舌的事情。在这个活动里，既然出现了这样的言论，讨论价值观问题便刻不容缓，成了最紧要的事情，而歌剧则可以延后再欣赏。

同样，在我们的爱情教育主题班会里难免会遇到一些"意外"，若是意外不太重要，尚可留待以后解决；倘若意外涉及了价值观问题，那就必须当场解决，甚至要衍生出另一个班会，趁热打铁地召开。

（4）讨论中班主任要发挥主导作用。我们组织爱情教育活动的主要目的是想让学生在活动中形成正确的情感、态度、价值观。在学生的情感、态度、价值观的形成过程中，老师的职责是引导。但是，在很多主题班会中，老师都退居二线了。学生的有些观念是不成熟的或者说是片面的，老师不引导、不调控，想让学生自己形成合理的价值观，实际上很难。这里的引导并不是简单地告诉学生："你那条路走不通，你要沿着我给你指出的路走才行。"这样的引导太以自我为中心了，学生绝对会抵触的。高明的引导者应该先查清楚学生正往哪个方向走，搞清他的具体路线（感情路线和思维路线），然后陪他一起走，暗中推他一下或拉他一把，让他在不知不觉中转变方向，回到正确的轨道上来。

我曾经听说过一堂省级青春期教育研讨会上的公开课，大致情形是这样的：先由小品引出话题：某高中一男生和一女生相遇，彼此有了交往（正常交往），这时双方父母都知道了，出来干涉。小品演到这里，主持人问："假如你遇到这种情况，怎么办？"同学们纷纷发表自己的见解。小品故事又向前发展，男生约女生看电影，主持人问："如果是你，如何面对约会？"大家又争先恐后地发言。小品像连续剧一样不断往前推进，讨论一场接一场，最后大家的意见自然是不统一的。但是，听课的老师都听出来了，多数同学的观点是：要将爱情进行到底。

公开课结束后，许多人为之叫好，说"充分发挥了学生的主体作用"，自始至终老师都没有出场。承办单位也自我感觉不错。我却不敢苟同。当学生的价值观偏离社会期望时，老师依然一言不发，甚至不出场，还自以为这是尊重学生的主体作用。殊不知这是对新课程理念的片面理解。在新课程背景下，教师本来就是参与者、调控者，而不是纯粹的旁观者。

（5）我们给学生的书信，语言一定要生动流畅，要避免老生常谈。若是学生一看书信的开头，就知道我们后面要讲的内容，这样的信不写也罢。所以，无论是说给花季少女的小叮咛，还是讲给青春男生的小戒律，都要针对他们遇到的实际情况，告诉他们一些以前不知道的、没想过的，可以让其耳目一新、乐意接受的思想和观点。

（6）谈到学生身边的爱情故事，我们一定要善于去挖掘、发现故事里美的情愫。很多时候，人们生活在幸福里，却忽视了自己的幸福。当我们把同事的爱情故事复述出来并分析一下，就不仅仅是在告诉学生什么是真正的爱情，还起到了提醒同事感受幸福的作用。比如，当我在班会上说出数学老师的爱情故事时，她差点流泪，说："这些都是我平常生活里的事情，你们的班主任不说，我还感觉不到老公的好；现在她这样一讲，让我感觉自己真的好幸福啊……"

这样的班会，不但告诉了学生什么是平凡高贵的爱情，还提醒了同事体会幸福，增进和密切了与同事的关系，何乐而不为呢？

## 策略38：积极关注
——让手机铃声在课堂上不再响起

很多时候，学生禁不住手机的诱惑不是观念问题，而是意志问题、习惯问题。所以，我们要用"积极关注"的方法让学生锻炼意志、培养良好习惯。

朋友是某重点高中的班主任，忽一日找我诉苦说：在她的英语课堂上，猛然响起了手机铃声（学校禁止学生带手机进校园，但屡禁不止），她怒火中烧，拿眼瞪铃声响起的地方，打算没收。不料手机在几秒钟之内，由教室右后方迅速传递到了教室左前方的班长手里——偏偏就传到了班长手里……

朋友的肺都快要被气炸了——学生怎么能联合起来跟老师作对呢——尤其是班长，真是枉费了自己培养他的一片苦心……

我却在惊叹学生配合默契的同时，陷入沉思：手机进校园究竟该堵还是疏，已经成为每个班主任刻不容缓要去解决的问题。我本人也曾尝试过多种方法。比如，最初我费尽心机地说服家长别给学生买手机，但是家长回答，孩子一旦没有按时返校或回家，他们会非常担心；接下来，我绞尽脑汁地说服学生，让他们在周一早读时把手机交上来，用纸包好，写上名字交给我，等周五下午放学后再发回去。周一到周五家长若有事,可以给我打电话或短信留言。但是,没过不久我就感觉不妥:首先是我办公桌里放着那么多手机,管理上存在安全隐患;其次是班里出现了问题,班干部无法及时和我联系,结果难免被动。最后,我借鉴同事的做法,将全班学生分为若干个小组,每个小组允许保留一部手机,由小组长保管,全组使用。而且明确规定,使用手机不得影响正常教学和学习,每组的话费不得超出固定金额。原以为这样的规定比较折中,但是学生之间的矛盾很快就出现并激化了,因为一部分学生有事没事都想打电话,而手机费是有限的,这让小组长很为难。同时,个别自控能力差的学生旷课跑出校门或不按时就寝,我联系不到他们,更加担忧、头疼。于是,有一个时期,我们重新制定了班规,手机归还给学生,但上课、早读、晚自习期间以及大集合、升旗时要关闭手机,由我监督检查学生在上课期间是否关机。方法是:我在上课期间随意拨打他们的号码,我只要打通一声,就可以断定他们没有关机。该同学的手机下课后就将被没收,周末才能拿回去。然而,这样一来我每天惦记着打电话,特别麻烦,简直是作茧自缚。我若不检查呢?学生便存有侥幸心理,他们控制不住自己也就罢了,关键是我偶然的检查会让铃声无端响起,反而影响正常的课堂教学秩序。

一系列尝试都不成功,怎么办?我开始重新审视和反思自己的做法。

克里希那穆提说:"只有当你缺乏理解的时候,才有掌控的必要。如果你已经把事情看得很清楚,自然就不需要掌控了。"

在手机进校园的利弊上,我的上述做法虽然也在积极探索"怎么办",却没有分析"为什么"。而手机作为新的通信工具进入校园,我们只有接受它、了解它、分析它,才有可能引导学生正确地对待它。

稍做分析,我们不难发现,学生带手机进校园的原因不外以下几点:学习兴趣减退——课堂教学不能吸引学生,学生只能找新的兴趣目标打发时间(这需要我们教师提高授课艺术);家长忙碌遥控——父母无暇照顾孩子,借助手机进行监管(这种情况无可厚非);迷恋网络娱乐——学生上网成瘾,通过手机上网玩游戏；爱慕虚荣炫耀——部分学生借此在同学中炫耀自己的身份；追求时尚从众——学生担心自己没有手机显得落伍（以上三点需重点引导）……当然也有一部分学生买手机是为了寻求学习方面的帮助，比如有的同学性格内向，在生活、学习上遇到困难又不好意思问他人，便借助手机上网解决（这种情况应该鼓励）。作为班主任，客观地讲，我也尝到了手机进校园的甜头。比如，我常利用校信通提醒同学们添加衣服、整理寝室等；若某学生表现好了，我会发短信鼓励他；学生有了小错误，我还会发短信善意地提醒和批评；若学生的情绪出现波动，我就发短信安抚、温暖一下。更多的时候，我则用手机和班干部联系，及时掐灭班级管理中发生的一些不良苗头——打架、吵闹等。手机短信显然是密切师生关系、增进师生感情的有效方式之一。

总之，我感觉学生带手机进校园有弊也有利，一味地明令禁止并非上策。"一刀切"式地将手机堵截在校园外更是不可能的。我们现在该思考的是：如何将手机进校园的弊端降到最小？

再回头来看，我先前在班级里所做的各种尝试之所以收效不大，根本原因就在于我过于强调外力的束缚，而忽视了学生本身成长的内驱力；我错在一味地制止，而没有合理地引导。

认识到这一点后，我首先做的就是对学生使用手机进行"积极关注"，即对学生言语和行为的积极面予以关注，从而使学生拥有正向的价值观，养成合理使用手机的习惯。

"积极关注"是心理咨询师常用的助人技巧。咨询心理学认为，凡是助人工作，首先要抱有一种信念，即每个受助者都可以通过自己的努力和外界的帮助变得比现在更好。以此观点来思索我们当下关注的手机话题，就是说，我们要坚信学生通过自己的努力和老师的引导，能将手机的弊端降到最小。

打定主意后，我在班级里开始做问卷调查。设置的问题包括：你的手机是谁送的？他（她）送你手机的初衷是什么？实际上你主要用手机做什么？

你认为中职生带手机有哪些危害？你的视力、听力、注意力等是否因使用手机而受到了影响？作为消费者，该有怎样的手机消费观？作为独立的个体，自己要不要在手机问题上随大流？……这一系列问题旨在提醒学生：手机问题实质上是一个消费观的问题，是一个理性思维的问题，是一个身体健康的问题。学生在认真思索并给出答案后，就可能产生新的认识，走出先前的认识误区。与以往讨论不同的是，这种改变不是靠老师说服或父母禁止，而是学生自己权衡利弊后做出正确选择。这一做法在某种程度上引导了"爱慕虚荣炫耀"和"追求时尚从众"的学生。当学生在观念上有了转变后，我们师生再次协商开、关手机的时间。在协商过程中，一定要让学生明白，民主教育是讲究妥协的教育。妥协的含义，是师生双方都勇敢地接纳对方观点中的合理因素，服从真理以完善自己的认识。这样，学生就能切实做到在使用手机时考虑到自尊和尊重别人，不会让铃声在课堂上响起。学生也不会对禁止上课开手机的规定产生逆反心理——因为教师接纳他们的观点，已允许学生带手机进校园了。

不过，很多时候，学生禁不住手机的诱惑不是观念问题，而是意志问题、习惯问题。比如，有的学生听课习惯不佳，喜欢趴在桌子上，如此思想很容易开小差，开小差后就禁不住要玩手机。想到心理学中的"超限效应"（指刺激过多、过强或作用时间过久，会引起极不耐烦或逆反的心理现象）和中国人做事讲究"迂回曲折"（即如同舞台上的青衣走台步，明明可以直奔主题，却喜欢绕着舞台走一圈），我不愿意每天重复玩手机的话题，便利用班会课给学生讲礼仪，辅导学生正确的站姿和坐姿，并告诉他们这样做可以保持体态提升气质。学生一听正确的坐姿、站姿能让女生亭亭玉立、男生器宇轩昂，无不严肃认真。我又说，这样的练习不是一蹴而就的，要每时每刻都注意。所以，无论是上正课还是自习课甚至课外活动，一旦发现某学生萎靡不振，我都会悄悄地提醒，他们也会真心感谢。学生在课堂上挺胸抬头，听课情绪自然就好，自然没有空暇低头玩手机了。老师感受到学生目光炯炯，讲课便更生动，备课也格外认真（师生的教与学是良性循环）。这一做法在某种程度上解决了学生"学习兴趣减退"和"迷恋网络游戏"的问题。

不过，即便如此，还是不能完全杜绝学生在课堂上玩手机的情况。这时就要用严格的制度和措施处罚他们（制定严格制度的时候，一定要让学生明白民主和法治是并行的）。比如，第一次忘记关机影响了课堂，老师可以对他进行提醒加教育——因为谁都有忘事的时候。但第二次忘记关机就得坚决没收，唯一可以通融的是老师和学生签订协议，如在即将来临的考试中保证每门功课提高多少分，就可以拿回手机；如果这一次没能达到，下一次达到，仍然可以拿回手机。假若学生见缝插针，用手机在课堂上打游戏，那对不起，没收没商量，而且尽可能做到毕业以前不归还。

最后，在处理学生手机的问题上，我想再给大家几点温馨提示：第一，不要违法。毕竟手机是学生的私有财产，没收了一定要妥善保管。第二，不要侵犯学生的隐私。在手机被没收前，允许学生把内存卡取出来。因为手机里可能有学生不愿让别人看见的短信、照片。第三，千万不要因此恶化师生关系。有的学校在处理学生的手机时，采用了一些极端的做法，如发现使用，就地销毁；也有老师直接把手机扔到楼下。这些方法可能会起到"杀一儆百"的作用，但容易伤害师生的感情。第四，老师在正确使用手机上要以身作则。有许多老师将手机带到教室，学生正在认真听课或安静地写作业，老师的手机铃声突然响起，更有甚者，老师拿出手机就在课堂上接听，扰乱学生的思考。所谓"其身正，不令而从；其身不正，虽令不从"，教育学生合理使用手机，老师就应该起模范带头作用。

## 策略39：审时度势
### ——区别对待班级"小团伙"

我们需要认真分析一下：班级里的"小团伙"有多少个？每个团伙里谁

是核心人物,他们的观点是怎样的,对班风建设起什么样的作用?各团伙之间关系如何,是互不来往、友好相处,还是彼此敌对?等等。然后分析一下,哪些小团伙的影响和教师对班级的影响是一致的,便重点扶持他们,让他们的舆论占上风;哪些小团伙的影响是和教师的工作背道而驰的,便小心提防他们。

一提到班级"小团伙",老师们的眉头就禁不住要锁起来——"小团伙"似乎给人以"拉帮结派"的暗示。其实,班级里存在这种非正式的民间组织实在是再正常不过了。谁敢说自己的班没有三五个甚至七八个非正式小团伙?只是有的班级小团伙之间相处和谐,班风较稳定;有的班级小团伙之间水火不容,矛盾重重,给班级成长带来了障碍而已。

教育心理学理论认为,班级是个群体,学生是由两种不同性质的团体组成的:一种是按教育管理的要求组织起来的正式团体——小组、小队;另一种是三三两两地自发聚集在一起交往频繁的小团体,心理学理论称之为"非正式团体"或"友伴群",也就是我们平时所说的"小团伙"。一个班级成立以后,不同爱好、不同追求、不同见解的学生会通过观察各找各的朋友。如:爱好学习的凑在一起交流知识,老实听话的聚在一起玩耍,自由散漫的凑在一起互相打斗,厌恶学习的凑在一起愁眉苦脸,对老师、对学校管理有逆反抗拒心理的凑在一起发泄不满,等等。

这种小团伙的生命力是非常强大的。他们往往也会发生内部矛盾,不过,一旦老师试图拆散他们,不幸又被他们觉察,他们必定会团结起来,一致对外,反抗老师。所以,对这样的团伙,聪明的班主任一般不会轻易干涉,倒可以认真分析一下,班级里的"小团伙"有多少个?每个团伙里谁是核心人物,他们的观点是怎样的,对班风建设起什么样的作用?各团伙之间关系如何,是互不来往、友好相处,还是彼此敌对?等等。然后分析一下,哪些小团伙的影响和教师对班级的影响是一致的,便重点扶持他们,让他们的舆论占上风；哪些小团伙的影响是和教师的工作背道而驰的，便小心提防他们。只要潜在的小团伙支持教师的工作，教师的工作就会得心应手；如果潜在的小团伙总是否定教师的意见，教师的工作就会步履维艰。

### 一、做"黏合剂"，增强班级凝聚力

散漫、混乱的班级绝对算不得优秀的班集体。要让班级具有凝聚力，在多数情况下，班主任最好能做班级学生以及班级"小团伙"的黏合剂，尽最大努力减少学生之间的矛盾。要做到这些并不容易，因为现在的学生个性太张扬，很多孩子不善于和别人合作，老师要在班里进行宽容教育、爱心教育，谈的道理、举的例子要真实生动，才能打动学生。

比如，2006年我所带的班级学生三五成群，无非是一些鸡毛蒜皮的小事，却由于学生的个性及闲谈，使矛盾越来越严重。

在班会课上，我要做"黏合剂"，便演讲说：

"谁人背后不说人？谁人背后不被说？同学们和好友一起玩耍，对背后的闲话完全不必打听和计较。要知道，他人背后一时兴之所致，谈到了你的过错或说了对你不利的话，这是人之常情。如果你总去打听或三五成群地议论，本来是无意的闲谈可能就会成为有意的中伤。

"我大学毕业来到这所学校的时候，人地两生，和美术老师风儿建立了深厚的友情。但是，2003年春天，因为一件小事，我俩争吵起来，她一生气，把自己的水杯摔碎在地，而我觉得自己的心也碎了……

"从此，我们虽处一室，鸡犬相闻，却不相往来。但我们从没有在背后说过对方一句坏话，也从没有在学生面前表现出对对方的不满。2004年夏天，学校决定让我们分别当两个幼师班的班主任。为了便于工作，在迎接新生的那一天，我们很自然地开始相互打招呼、商量问题，就像从没有发生过矛盾一样谈笑风生。很多人都认为，已有的伤痕即使愈合，也会留有伤疤，但是，为什么我和风儿老师的友谊恢复得如此了无痕迹？

"因为，我们从不在别人面前诉说自己的委屈或对方的不好，即使在矛盾冲突最厉害的时候，我们也很在乎对方的感受。

"所以，如果你喜欢你的朋友，如果你在为失去朋友而伤心，就不要轻易对别人诉说自己的委屈和自己对朋友的不满，因为那些委屈和不满很容易传到朋友的耳朵里，并和你的原意大相径庭。班级里本就没有什么心地特别坏的人，大家的矛盾也不是什么原则性问题。所以，我要求同学们静坐常思己过，闲谈莫论人非……"

## 二、做"旁观者"，针对小团伙成员的矛盾暗中指点

一般情况下，我们了解到学生小团伙的构成后，小心观察，精心引导，别让他们和班级积极向上的风气作对，就可以了。当小团伙成员闹了矛盾，老师在课堂上集体指点一下是可以的，最好不要过多、过细地干涉。孩子们生气，多是鸡毛蒜皮的小别扭，不会持续较长时间，也分不清个你是我非来。如果老师冒冒失失地插一竿子，孩子们一转脸和好了，我们在中间算什么？但是，当学生找老师求助时，我们也不能置之不理，可以在暗中指点。

比如我们班的蓝菲、明霞、莎莎，堪称小小"三人帮"。

"三人帮"里的蓝菲个子小、脾气大，看谁不顺眼就会没心没肺地批评。不过，发生矛盾最多的，还是在这小小"三人帮"内部。每次生气，她们都会大哭流泪，痛苦憔悴。明霞和莎莎对我并不隐瞒自己的情绪，但似乎只是为了倾诉苦恼而来，每次诉说完都不忘嘱咐我："老师，这件事您别插手，我们自己会处理好的。"

我便不插手，几天后果真又见她们形影不离。

临毕业时明霞和莎莎找我求助，问我如何应对蓝菲的任性。

我说："在她蛮不讲理、任性的时候，你们千万不可轻易退让，要冷落她，让她自己去想自己的错误。"

莎莎："不行啊！以前我们闹矛盾无论是不是我们的错，都是我们先和她

说话的，大家都是朋友嘛！"

我笑："'大家都是朋友，何必在生气时争个你是我非？'这是我以前告诉你们的话，那是希望女孩子在一起交往时心胸开阔一点。可是现在的情况是你们的宽容助长了蓝菲的任性，所以，你们必须坚持自己的立场。"

明霞说："老师，如果我们不搭理她，她也不会软下来。她会去找别的同学玩耍。"

我点头，转而感叹："你们三个人的友情真的很深、很纯、很难得！"

莎莎说："是啊！所以我们很在乎彼此。"

我便笑："因此，在你们闹矛盾的时候，尽管她也和别人玩耍，但任何同学都不能给蓝菲和你们在一起的感觉。你们相信吗？"

明霞和莎莎点头，我说："所以，在她任性的时候不要轻易迁就她。她既然很在乎你们，就让她在被冷落后反思自己的错误。千万不要在她还没有认识到自己错误的时候就主动和好，这样不利于蓝菲的成长，只怕她的脾气不改，你们的友谊也难以长久，将来她更难有知心朋友。"

我相信自己所说的一席话，即使最后传到蓝菲的耳朵里，她也不会认为老师在"隔岸观火"。

## 三、卖个"人情"，让"小团伙"成员成为班主任的助手

班级里三三两两的"小团伙"只要不和班级积极向上的班风背道而驰，老师尽可以任他们发展下去，甚至在必要时，让他们的友谊也成为教师的教学资源。比如，当学生违纪的时候，我们可以卖个"人情"，让"小团伙"的其他成员成为班主任的助手。

还以前面提到的"三人帮"的故事为例。

晚自习时，蓝菲和莎莎、明霞闹了矛盾，蓝菲一气之下跑出了校门。莎莎和明霞担心她的安危，便向班长请假去找，但直到晚自习第一节课即将下课时还没找到。

我们班前一天才一致通过一项班规,旷课一节要通知家长的。我该怎么办?

思忖良久,我决定只给蓝菲的妈妈打电话,一来任性、旷课的是蓝菲,我倒很欣赏明霞和莎莎的重情义;二来,我不通知明霞和莎莎的家长,她俩肯定会过意不去,当蓝菲说对我的不满时,她们会替我说句公道话。

果然,第二天一早,莎莎和明霞就找我认错,蓝菲却一脸的桀骜不驯。我很真诚地批评蓝菲:"人在情绪不好的时候精神恍惚,很容易出差错的,你害得关心你的人也惊慌失措!以后生气了,别再往外跑了,好吗?"

蓝菲点头。

明霞主动说:"老师,我们违反了纪律,您该怎么惩罚,便怎么惩罚吧,我们都会接受的。"

我点头,姑且让她俩欠着我这份"人情",目的还是——当别的同学和蓝菲对我通知家长不满时,作为当事人的她们可以替我说句公道话。其实,我这样做实在算不得科学的民主管理,但我们班目前的班规不明确,也只有如此行事了。

最后,蓝菲迟疑着对我说:"老师,我求您一件事。以后,我再有什么违纪的事,您别再通知我的家长了。"

我深深地看着她,叹息说:"我想,通知不通知你的家长,关键不在我而在你。如果你昨天不旷课,我会通知你的家长吗?"

蓝菲:"我以后不会再违反纪律了。"

"是啊!如果你表现得很好,就算我通知你的家长,我也只会说你的好话,你怕什么!"

要特别提出的是:这种做法是在班级尚没有班规的时候灵活运用的。一旦班规制定出来,便必须按照班规行事。但我们可以从这个案例中得到启发:平时该如何让学生替自己说话,做老师的帮手。

### 四、巧用"离间计",粉碎捣乱的"友伴群"

我们希望在班级里营造宽容的环境,使学生成长;我们希望每个同学都有自己的朋友,幸福快乐。但是,生活往往不尽如人意,在现实教学里,总有一部分学生,或投机取巧,或奢侈虚荣,或挑战逆反,或散漫粗野。这些孩子新到一个班级,总希望能成为名正言顺的"老大",他们会拉拢鼓动一部分同学,排挤打击妨碍他的同学,甚至在条件成熟后,用种种办法威胁老师按照自己的意愿走,否则,就搞破坏,让老师无法上课。

对这样的"小团伙",老师必须想办法拆散他们,但要拆得有智慧一些,贸然拆散,只能将事情搞砸。

比如,2007年我任教的二班(我是一班班主任)有个小团伙,在班里行事嚣张,常常和科任老师发生冲突。只因我在为艺术节挑选合唱队员时没有全部挑选她小团伙的成员,她们便在我开早会的时候几次三番地找上门来质问。待早会结束,几个人又把我拦在走廊上,气势汹汹地逼问:"为什么合唱名单里没有扬扬和雪云?""为什么唱得好的没选上,唱得不好的倒选上了?""你到底是怎么选人的?"……

我想要解释也插不上话,干脆转身离开。

上午两节课后,政治老师、数学老师和英语老师直接找到教务处,说二班的课实在没办法上,周倩等同学大闹课堂,让老师一筹莫展。

我不禁又暗吸一口凉气:难道,周倩她们把对我的气撒在了政治老师、数学老师和英语老师的身上?

看来,解散这个小团伙势在必行。

第二天有二班的声乐课,我利用半节课的时间给她们解释我选合唱队员的理由,我要告诉学生如何为人处世、有效地解决问题。

我首先讲了一个故事:

从前,张生和李生要进京赶考,被一条大河阻挡。于是两人分头找船去。

李生向东,逢人便问:"哪里有船?"

有人答:"此处无船,但村子里有造船人。"

李生找到造船人问:"造船要多少钱?"

答:"三十纹银钱!"

李生没有这么多钱,便到一个财主家做家教,一个月后,拿着挣到的三十纹银钱去找造船人,船造好后,过了河,却发现河对面是沼泽地,根本无法到达京城,不得不返回重新找路。

而张生向西,见人便问:"我要到京城去,该怎样找船、过河?"

有人答:"这里没有船,你到京城去,最好不要从这里过河,因为河对面是沼泽地。你不如顺着河向西,再过十多里,河上有桥,你自可过去!"

于是,张生很顺利地过河到达了京城,而李生到达京城时,已经耽误了考试的日子。

学生听得很认真,讲完故事我问:"按说,张生和李生一样积极、一样勤奋、一样爱动脑子。但为什么李生耽误了赶考,而张生却很顺利?"

学生茫然地摇头。

我说:"我们不妨看看李生和张生的问话有什么不同。张生问的是:'我要到京城去,该怎样找船、过河?'他把自己的目的说得很清楚,别人的解答便也很有价值。而李生呢,问的却是如何找船,并没说找船的真正目的,别人的回答便仅仅局限在找船上。但是,找船并不是目的,他的目的是进京赶考啊!其实,生活中也常常有这样的事情发生。很多时候我们也在很积极地追求,但有的人成功了,有的人却像李生一样很不顺利。"

学生很投入地听着,我稍微停顿一下,继续说:"比如,我们这次选合唱队员,咱们班的很多同学有疑义,昨天将我堵截在走廊上,问'为什么合唱名单里没有××和××?为什么唱得好的没选上?',语气和问话方式都不是以解决问题为目的，这样的问话很容易引起争吵。所以，我拒绝回答。事后我明白了，这些质问我的同学误认为我是一班的班主任，在偏向一班。现在我可以回答同学们的问题：这个合唱是我排练的节目，将来要到市里参加竞赛的，如果大家表演得好，也是我的成绩，所以我不可能故意让唱得不好的同学参加，而把唱得好的同学刷下来。我没有理由偏向哪一个班级。"

看同学们接受了我的解释，我开始思索如何惩罚周倩等同学的无礼。我说："现在，既然大家一致认为扬扬唱得不错，那么，我就尊重大家的意见，让扬扬参加。但这样一来，就必须将原先选中的六名同学去掉一个。"我又把话停了一下，昨天对我质问最多、态度最恶劣而又在合唱队里的是周倩和艳艳。艳艳的乐感好，我便把眼光投向水平一般的周倩，笑着很轻松地说："这样，周倩就必须被去掉了！"

周倩的脸腾地一下子红了。她们昨天找我闹事，主要是为了把扬扬拉进去，把勤奋老实的小梦或秋花去掉。我不会让她们得逞，所以，就将周倩去掉，而让扬扬进合唱队。

周倩做梦也没想到自己会被刷下来！从我宣布决定开始，她就趴到桌子上不起来。

我不理她，只管上自己的课。艳艳一看我这样决定，知道再捣乱自己也可能被去掉，便很认真地唱歌。雪云和小敏是没心计的人，听我说得有道理，也很认真地上课。而扬扬却坐不住了。她几乎没动口，只是东张西望。我可以不理周倩，但扬扬是要参加比赛的，怎能有这样的学习态度？我便一遍遍地提醒她，但她铁了心不开口。

我理解，她是感觉如果自己真的进了合唱队，便对不起周倩。但理解归理解，我还是要让她知道，有些事——比如结成团伙大闹课堂行不通。在将要下课时，我很温和地问扬扬："你到底愿意不愿意参加合唱队？如果你一直是这样的学习态度，我就不得不考虑换人了。"

扬扬失落地说："如果您想换就换吧！"

我说:"好!既然你这样说,那我就决定了!咱们班的合唱队,周倩和扬扬都不参加,雪云加进来。当然,如果雪云也不愿意参加的话,我还可以找别的同学参加。"

我离开了教室。我想让周倩和扬扬明白一个道理:这个地球离了谁,都照样能转。

我还没有下楼,雪云就跑了过来:"老师,我愿意参加合唱队,这是我的照片!"

我笑着向她点头。无论怎样,在我的音乐课上,这个"小团伙"被我成功瓦解了。想一想,我还真的有些"阴险"。

以上文字,是一个成功解答所谓的"偏心"问题和成功瓦解班级"小团伙"的案例。

在矛盾发生的第一天,"小团伙"里的学生因合唱团没有全部选自己的成员而气势汹汹地找我质问,情绪激动时很容易引起争吵,激化师生矛盾,因此我采用了"只走'弓背'不走'弓弦'"的回避法。第二天,学生情绪稳定下来后,我开始出招,却并不急于回答她们的质疑,而是通过故事告诉她们解决问题的正确方式,让她感受到老师的真诚,班级的大多数同学都能认可这个合情合理的答复,我在这个班级的群众基础便得到强化。

接下来是瓦解"小团伙"。我满足她们的要求,让扬扬参加合唱团,却将团伙头领之一周倩去掉。当扬扬不肯参加时,我便让她们的团伙成员之一雪云加进来。这样的"小团伙"本来就是自发的,并不是正规组织,只是班级"友伴群"的一种。如此一来,小团伙成员便各有了自己的想法:周倩认为自己辛辛苦苦地为扬扬、雪云争,最后却被刷下来,自然不痛快;扬扬本来很想参加合唱团,却为了周倩而拒绝了老师的邀请,不料雪云顶替了自己。她们三个心里最不舒坦,而艳艳眼看周倩被去掉,怎肯再和我捣乱?如此小团伙便自然解散。

这个案例有"二桃杀三士"的"阴险","小团伙"被瓦解了,我的内心却也忐忑,只担心在学生成长中起了坏作用。所以,在她们毕业后,我又专门找这几个人谈心,告诉她们,老师当时无意拆散她们,只是不希望她们大闹课堂……

## 策略 40:中途接班
### ——因势利导做"后娘"

人们都说班级"后娘"不好当,因为"衣不如新,人不如故",学生总是留恋以前的老师。但是,我相信在这个班级,海老师这"后娘"不难当。

那一天我到 2011 级市场班监考。一进教室,迎面看见墙上贴着一幅画,四根木头组成的方框,内置一棵开满了花的树,上写五个大字"我们等你来"。乍一看,有一点感人,有一点温馨,还有一点点煽情,这引起了我的好奇心。再一细看,每一朵鲜花上都写着字,诸如:"娜姐,我们想你了,你快回来!""祝老师身体健康,祝小宝宝快乐成长!""老师,你不在教室的这段时间,我夜里总梦见你。""祝老师越来越美丽,越来越健康,越来越可爱!"……

我明白了,这不是煽情,这是真情。

这个班原先的班主任是娜娜老师(我曾在《女人味儿是什么味儿》一文中说她是我们学校最有"女人味儿"、最美丽的女教师),她带了这个班一学年后,因生孩子在家休产假,所以学生在教室的墙壁上说"我们等你来"。

我看下去,有一朵鲜花上竟写着:"李璐,去外面跑 60 圈,如果明天还不上操,就跑 120 圈",落款是"娜娜说"。我不禁莞尔。看来,学生想念娜娜,不仅仅想她的和善、真诚,还留恋她含笑带气、半真半假地对学生的惩罚。

教室的另一面墙壁上有两个板块。一个板块上贴着一轮蓝色的弯月，月亮周围是几十个色卡纸做成的黄色星星，每颗星星上都贴着一个学生的一寸照片，月亮上却是娜娜的照片：穿着紫色的棉衣，双手合十向上凝望，似乎在为同学们的健康成长祈祷、发愿。另一个板块上，贴着十几张照片，里面有娜娜老师的各种单身照、学生搞活动时的照片、冬至包的饺子、娜娜老师煮饺子等照片……最惹人注目的是娜娜老师和现任班主任海老师在三亚的合影，海老师虽然是有几年教龄的老师，却是一副虎头虎脑的男孩模样。他们俩或坐或站，或嗔或笑，像姐弟一样亲密、阳光……

人们都说班级"后娘"不好当，因为"衣不如新，人不如故"，学生总是留恋以前的老师。先前的班主任若是依然在教室里陪伴他们，他们也许会和老师胡闹、生气、闹矛盾；但班主任一旦请假离开，学生必会想起他（她）的好来，并将那些"好"无限放大，进而排斥新班主任，对"后娘"横挑鼻子竖挑眼。所谓"人无完人"，哪一个老师没有自己的缺点呢？偏偏学生要拿以前班主任的优点去挑剔"后娘"，这便让"后娘"的日子格外难过。

但是，我相信在这个班级，海老师这"后娘"并不难当。学生思念娜娜，需要倾诉，海老师就让班级文化的布置满足学生的需要，让学生在朵朵鲜花上尽情地倾诉，让娜娜老师在月亮上祈愿——学生当然知道娜娜的愿望是让同学们好学上进。自己想念老师，又怎么能让老师失望？同学们可能——仅仅是可能——排斥海老师，那就让同学们看看，娜娜和海老师两任班主任相处得多么和睦……

这真的是一个非常好的让学生接受"后娘"的做法。情绪上的思念、痛苦、伤感、担忧等，一味压制是不足取的，只能因势利导。在心理咨询中，求助者对咨询师说："这段时间我总是郁闷……"咨询师绝不会阻止求助者宣泄郁闷，因为强制压抑这种情绪后果更严重，他们会很耐心地引导求助者："这个郁闷妹妹伴随你多久了……"您看，咨询师巧妙地把郁闷情绪和求助者本人分离开来，并美其名曰"郁闷妹妹"，让求助者感觉郁闷这个情绪和自己不是一体的，自己可以允许不良情绪存在，也可以选择其他更好的情绪……

在这个班级里，海老师允许同学们思念娜娜，但是更重要的是因"思念"之势更好地引导学生接受现在的自己——他们心中的"后娘"。

多么高明！

昨天在武珊老师的博客里，看到她说自己要离开原先的班级到另一所学校了，博文里说："原本想和同学们道别后再走，可年级组长说，'你和同学们的关系处得太好了，这样会引起混乱的，你还是默默地走吧！对你、对同学都好。'"武珊老师自问："是吗？可我心里五味杂陈。不道别，有头无尾，岂不是间接教同学们做事没有章法吗……"

武珊老师的担忧不无道理。所以，文章没看完，我就忍不住扼腕长叹：年级组长何苦如此呢？她知道孩子们的心吗？她是否明白，武珊老师这样不辞而别，会给"后娘"带来多少麻烦啊！

现实里还有这样一种情况：学生原先的班主任或任课老师与学生相处得不太好，甚至在新的班主任或任课老师面前说以前的老师如何如何不负责任，将班级纪律差、成绩不好等都归因于以前的老师。这时"后娘"最忌讳的做法就是跟着学生一起抨击以前的老师。这样做的弊端首先是恶化同事关系，须知"铁打的营盘流水的兵"，同事之间相处不好，会影响我们的心情甚至生活质量；而且容易让学生养成遇事"外归因"的思维方式，远不如因势利导。学生既然能感恩以前的老师，自然会更加感谢现在的老师。陪伴学生养成感恩的习惯，善莫大焉。

## 策略41：未雨绸缪
### ——与学生一起规划职业生涯

让学生更明白自己要达到的目标是什么，自己可以从事的职业又有哪些。有了明确的目标，才可以迈出成为卓越学生的第一步。

作为一名中职班主任,要想打造卓越的班集体,除了以上策略,还需要指导所有学生都能在入学不久就了解自己、认识自己,有一个明确的目标,并为自己的职业生涯制订可行的规划。

那么,如何引导学生制订自己的职业生涯规划呢?

首先,测一测。通过开班会、问卷调查,让学生了解自己、认识自己的特长和"特短"。

比如,在班会上可以告诉学生,成功的职业生涯要考虑以下几个因素。

(1)你的兴趣是什么?你曾经想成为什么样的人?你对哪些知识比较有感觉,能够深入学习下去?

(2)你的性格适合做什么?不同的工作适合不同性格的人去做。清楚自己的性格是非常重要的一步。

(3)你的优势和特长是什么?有哪些拿得出手的本事?对于自己欠缺的能力,你应该怎样去弥补?

(4)你的性格本身存在哪些弱点需要克服?不要让弱点成为你成长中的绊脚石。

当学生开始认真思索这些问题的时候,就不会懵懵懂懂、漫无目标地混日子了。这时,他们迫切要知道的可能是自己究竟属于哪一种性格的人,究竟适合哪一种工作。性格对职业生涯发展有影响。让类似张飞性格的人去做文员,一定会让上司头疼;让类似林黛玉性格的人去开拓市场,要有理想的业绩谈何容易?关于性格的分类方式有很多,比如,有的科学家依据性格与职业的关系,把性格细致地划分为变化型、重复型、服从型、独立型、协作型、劝服型、机智型、自我表现型、严谨型等。

适合干重金属切削加工这一职业的性格类型有:重复型、服从型、协作型;适合商业采购人员的性格有:变化型、独立型、劝服型;适合护士的性格有:变化型、独立型、协作型;适合导游的性格有:变化型、独立型、自我表现型等。

　　网上这样的测试很多，教师可以多找几份，带领学生一起测试，让学生明白自己要达到的目标是什么，自己可以从事的职业又有哪些。有了明确的目标，才可以迈出成功的第一步。

　　其次，量一量。衡量一下职业生涯目标发展的可行性，即在预测结果的基础上，对设定的发展目标进行考量，结合自身实际，综合各种因素，遵循一定的原则，确定最适合自己、最具可行性的目标方案。

　　指导学生职业生涯发展目标的选择，要从以下三方面进行衡量。

　　（1）对自己的素质要求。比如，学前教育专业的学生要进较好的幼儿园，就要说、唱、弹、跳样样精通；做销售人员就要有亲和力和较好的语言表达能力；做服装设计师就要有创造性并耐得住寂寞等。

　　（2）了解这一职业可能得到的回报，衡量本人的价值取向得到满足的程度。比如，做一名幼儿教师工作很稳定，但注定不会发大财等。

　　（3）了解发展目标对外部环境的要求，衡量本人可能有的发展机遇与之相符的程度。比如，郑州市开始通地铁，那么学城市规划与交通运输的学生可能的就业机会有多少？这些都是要认真衡量的。

　　最后，比一比。即在衡量的基础上对各个备选方案做比较、排序，确定最优方案。其目的是反复斟酌、排序择优，选出最符合本人发展条件、最有激励作用的方案。

　　当学生有了自己的目标，也就知道了自己的努力方向，整个班级积极向上的风气就很容易形成。

　　一个卓越的班主任就应该打造卓越的班级，带出这样卓越的学生。